学校音乐类活动课程案例选集

丰建胜　主编

山东文艺出版社

图书在版编目（CIP）数据

七彩的音乐：学校音乐类活动课程案例选集/丰建胜主编．
—济南：山东文艺出版社，2022.09
ISBN 978-7-5329-6483-3

Ⅰ.①七… Ⅱ.①丰… Ⅲ.①音乐课—教案（教育）—初中 Ⅳ.① G633.951.2

中国版本图书馆 CIP 数据核字 (2021) 第 240530 号

七彩的音乐——学校音乐类活动课程案例选集
QICAI DE YINYUE——XUEXIAO YINYUELEI HUODONG KECHENG ANLI XUANJI

丰建胜　主编

主管单位	山东出版传媒股份有限公司
出版发行	山东文艺出版社
社　　址	山东省济南市英雄山路 189 号
邮　　编	250002
网　　址	www.sdwypress.com
读者服务	0531-82098776（总编室）
	0531-82098775（市场营销部）
电子邮箱	sdwy@sdpress.com.cn
印　　刷	济南龙玺印刷有限公司
开　　本	880 毫米 ×1230 毫米　1/16
印　　张	11.5
字　　数	220 千
版　　次	2022 年 9 月第 1 版
印　　次	2022 年 9 月第 1 次印刷
书　　号	ISBN 978-7-5329-6483-3
定　　价	89.00 元

版权专有，侵权必究。如有图书质量问题，请与出版社联系调换。

童声合唱活动课程

第一单元　认识合唱……………………………………1

第二单元　呼吸训练与发声练习…………………………4

第三单元　正确的起声训练………………………………8

第四单元　共鸣练习………………………………………12

第五单元　音准的训练……………………………………16

播音主持活动课程

第一单元　学做口部操……………………………………18

第二单元　练练嘴皮子……………………………………21

第三单元　语音发声………………………………………23

第四单元　最美朗诵………………………………………26

第五单元　影视配音………………………………………30

第六单元　台词体验………………………………………32

空乘专业活动课程

第一单元　认识礼仪………………………………………34

第二单元　仪态礼仪………………………………………36

第三单元　仪容礼仪………………………………………39

第四单元　手势礼仪………………………………………40

古筝演奏活动课程

第一单元　走进古筝……………………………………41

第二单元　基本指法——勾、托、抹…………………44

第三单元　演奏技法——花指、颤音…………………47

第四单元　演奏技法——大撮、小撮…………………50

少先队鼓号队活动课程

第一单元　认识少先队鼓号队…………………………55

第二单元　吹奏乐器训练——木管乐器………………57

第三单元　吹奏乐器训练——铜管乐器………………60

第四单元　打击乐训练…………………………………63

第五单元　指挥训练……………………………………65

管弦乐队活动课程

第一单元　走进管弦乐队………………………………70

第二单元　《康康舞曲》（第一部分）…………………80

第三单元　《康康舞曲》（第二部分）…………………82

第四单元　《康康舞曲》（第三部分）…………………84

第五单元　《康康舞曲》（第四部分）…………………86

第六单元　《康康舞曲》（第五部分）…………………88

第七单元　《康康舞曲》（第六部分）…………………90

第八单元　《康康舞曲》总体合排………………………92

话剧活动课程

第一单元	表演初体验	94
第二单元	表演语言基础	96
第三单元	命题小品	101
第四单元	话剧表演	103

民乐合奏活动课程

第一单元	走进民乐	105
第二单元	了解节拍	107
第三单元	节奏与节拍	111
第四单元	学会看指挥	114

舞蹈（初级）活动课程

第一单元	舞蹈基础理论	116
第二单元	舞蹈视频欣赏	118
第三单元	古典舞音乐分析	119
第四单元	身体各部位素质能力训练	120

舞蹈（高级）活动课程

第一单元	基本功训练与巩固	126
第二单元	芭蕾基础训练	129
第三单元	舞蹈技术技巧训练	132
第四单元	个人剧目	135

长笛活动课程

第一单元　长笛基础知识……………………………138

第二单元　长笛基础练习……………………………141

第三单元　C大调练习………………………………144

第四单元　F大调练习………………………………147

竹笛活动课程

第一单元　竹笛文化溯源与发展历程………………151

第二单元　竹笛基本演奏方法………………………156

第三单元　竹笛吹奏实践……………………………161

第四单元　竹笛吐音技巧……………………………164

古琴活动课程

第一单元　挑和勾……………………………………167

第二单元　泛音………………………………………170

第三单元　左手拇指按弦……………………………172

第四单元　古琴曲《仙翁操》………………………174

童声合唱活动课程

第一单元　认识合唱

单元目标

1. 欣赏经典合唱作品，了解合唱的相关知识，感受合唱的艺术魅力。

2. 依据教师引导进行音乐闯关挑战，看看谁能闯关成功。

3. 明确合唱团的培训目标及课程安排，制定个人学年社团学习目标及学习计划。

第一学时

实践与创造

1. 欣赏经典合唱作品，说说自己对合唱的理解并完成填空。

①合唱指集体演唱＿＿＿＿＿＿声乐作品的艺术门类，它要求歌唱群体音响的高度＿＿＿＿＿与＿＿＿＿＿，是普及性最强、参与面最广的＿＿＿＿＿＿形式之一。

②完成以下图示。

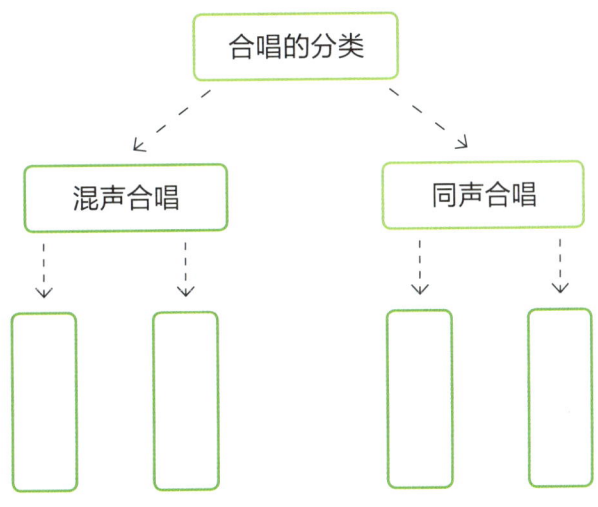

③合唱的几种演唱形式。

2. 音乐闯关挑战。

第一关：请说出以下音符之间的关系。

第二关：请准确打出以下三条节奏。

第三关：自由组合，与搭档完成以下二声部节奏。

第四关：模唱教师弹出的旋律片段。

第五关：自由组合，与搭档完成以下二声部旋律片段。

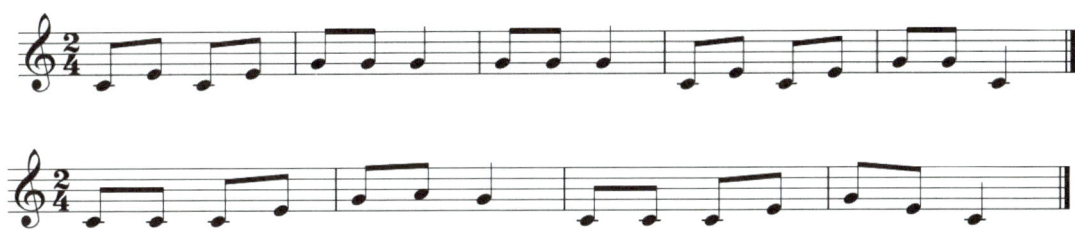

3. 小组讨论，共同研究本学年合唱社团的课程安排。

4. 认真思考，与同学分享自己在合唱社团的学习愿望。

5. 写下自己在本学年合唱社团的学习目标及学习计划。

第二单元　呼吸训练与发声练习

单元目标

1. 了解合唱中的几种呼吸方法，感受不同呼吸方法的特点。

2. 运用不同的呼吸方法演唱五线谱中的旋律片段，进行发声练习，用自己的话说出正确呼吸方法的要领。

3. 小组合作，运用正确的呼吸方法进行发声练习展示。

第一学时

实践与创造

1. 吹蜡烛体验：双手叉腰，做吸气动作，再慢呼气，吹动蜡烛的火苗，让蜡烛缓缓熄灭，说出你的感受。

2. 依据老师的引导，进行以下呼吸体验，呼气时发"S"音。

自然吸 ------------- 自然吐

缓吸 ------------- 缓吐

急吸 ------------- 缓吐

自然吸—吐—停—吐—停—急速吐出剩余的气。

缓吸—缓吐—停—吐—停—吐—停—急速吐出剩余的气。

急吸—停—吐—停—吐—停—急速吐出剩余的气。

3. 在你的手上找找五线谱。

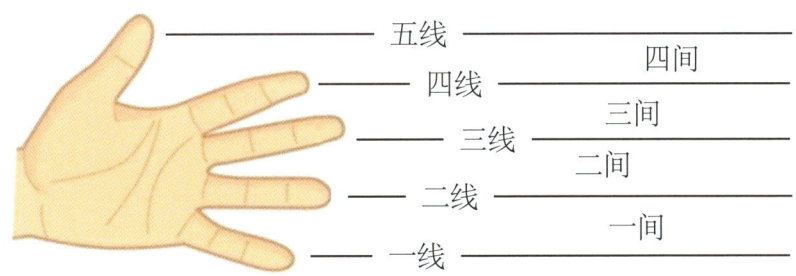

4. 请在以下五线谱中写出 C 大调音阶。

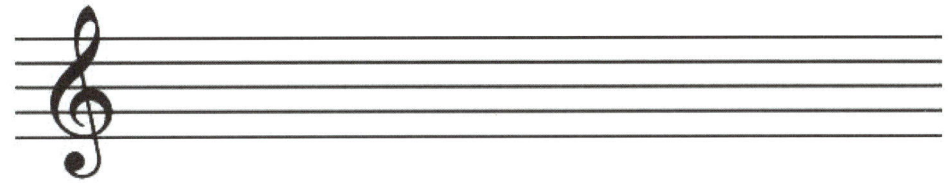

5. 请控制好自己的呼吸，演唱 C 大调音阶。

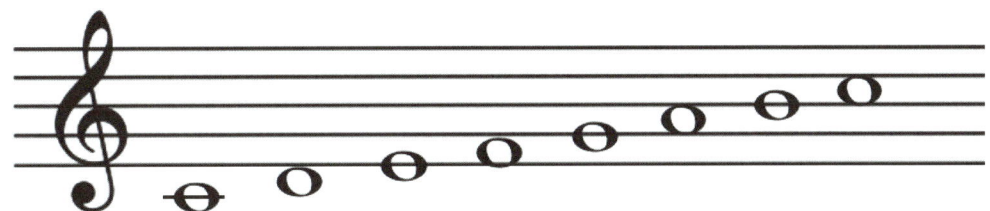

第二学时

 实践与创造

1. 请用慢吸慢吐的方法进行以下发声练习。

> 练习提示：
>
> 吸气要自然而缓慢，吐气要均匀；内口呈打开状态；音量不可太大，否则会出现"白声"。

2. 请用带有弹性的声音进行以下发声练习。

> 练习提示：
>
> 每次吸气量不能太多，吸气动作迅速，吸气要充分，发音前要有短暂的停顿；发音要有颗粒感，附点音符音与音之间可适当断开；音头结实、有弹性，腹部肌肉也要保持弹性。

3. 运用合适的呼吸方法演唱以下旋律片段。

la la la la la la la la la la la la la la la la la

第三学时

实践与创造

1. 请分成三组进行以下发声练习，听听音效如何。

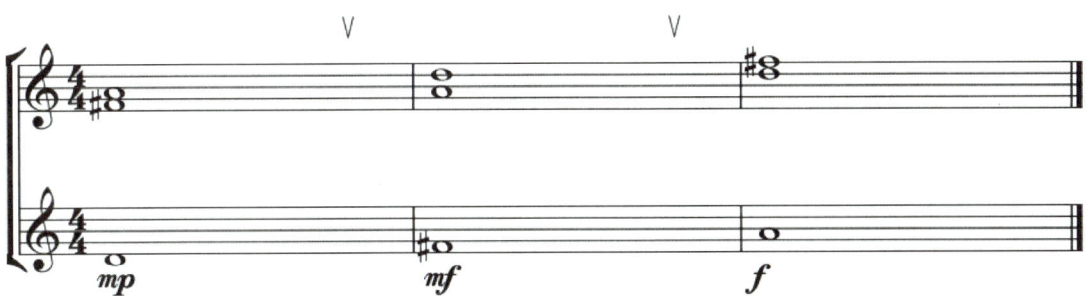

2. 请变换母音再次进行发声练习，说说在长音的呼吸练习中如何调整吸气速度与吸气量。

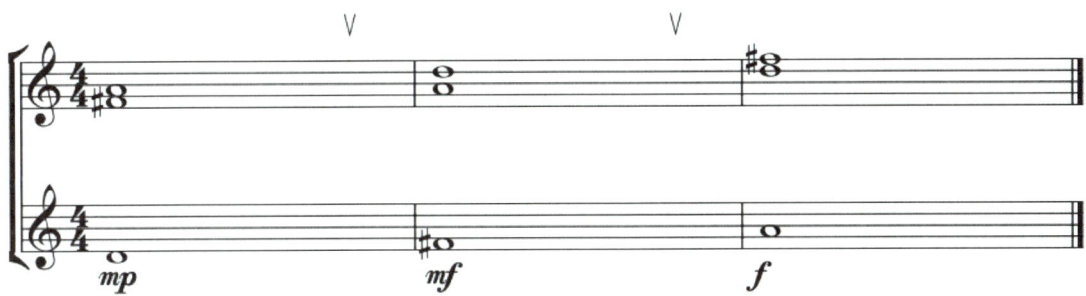

3. 小组合作，运用正确的呼吸方法进行发声练习展示，评出最佳展示小组。

强者组	星耀组	青铜组
★★★★★	★★★★	★★★
小组合作运用正确的呼吸方法进行展示，音准正确，声音和谐，配合默契。	小组合作运用正确的呼吸方法进行展示，音准较好。	小组合作运用呼吸方法进行展示。

练习提示：

在进行长音呼吸练习时最好采用和声多声部形式，这不但对训练听觉有好处，还可使各声部都处在相应的有效声区与音域中，可以培养学生掌握和声音响平衡能力。

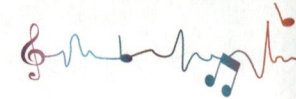

第三单元　正确的起声训练

 单元目标

1. 了解歌唱中的两种起声方法，感受硬起声和软起声的特点。

2. 通过无乐音哼鸣、有乐音单音练习、旋律断唱、和弦断唱等练习，掌握正确的起声方法。

3. 小组合作，一起在五线谱上完成"你写我唱"游戏。

第一学时

 实践与创造

1. 请根据以下节奏进行母音"m"和"a"的演唱。演唱要求为先低后高；先慢后快；先渐强，后渐弱。

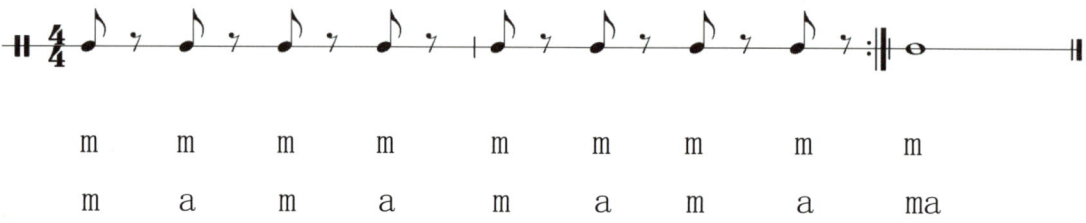

练习提示：

①演唱时母音要纯净清晰、圆润而富有弹性。

②张开内口。随着音区上升，内口应愈张愈大；随着力度加强，气息支持也应愈来愈强。

③哼鸣用多少气息量，开口唱用相同的气息量。

童声合唱活动课程

2. 请根据以下旋律演唱出不同母音。

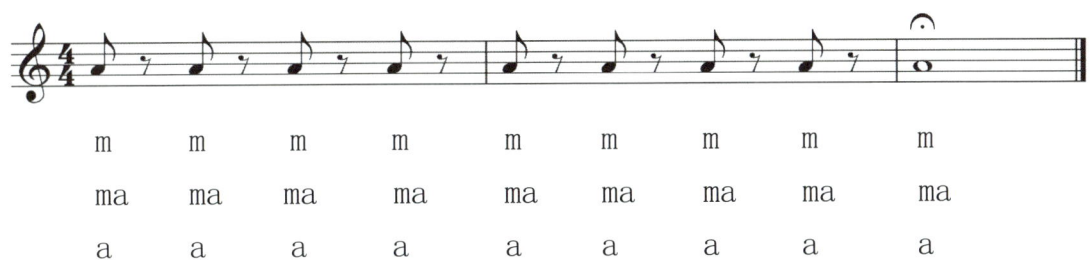

m	m	m	m	m	m	m	m	m
ma	ma	ma	ma	ma	ma	ma	ma	ma
a	a	a	a	a	a	a	a	a

练习提示：

有气就有声，声音具有弹性（颗粒感）。只有当短音演唱准确并得到巩固后再发长音，此时长音可无限延长。练习中以母音 a、o、u 为主，逐步再加 e、i 音，母音发音前要保持不吸不吐的短暂停顿状态。

3. 小组合作，分别完成以下二声部旋律中母音的断唱练习。

m m m	m m m	m m m	m m m
ma ma ma	ma ma ma	ma ma ma	ma ma ma
lu lu lu	lu lu lu	lu lu lu	lu lu lu

第二学时

 实践与创造

1. 请用平稳、均匀的气息演唱以下旋律，并保持住长音。

m	m	m	m	m	m	m	m	m
ma	ma	ma	ma	ma	ma	ma	ma	ma
lu	lu	lu	lu	lu	lu	lu	lu	lu

9

2. 一起做游戏。

第一关：请准确演唱以下旋律。

第二关：你写我唱。

小组合作，写出 4/4 拍的不同时值的各音。

3. 编创一段 C 大调的四小节旋律，唱给大家听一听。

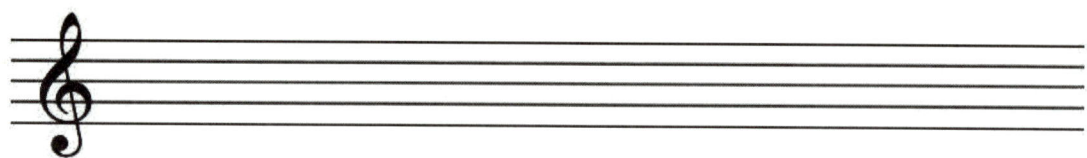

第三学时

实践与创造

1. 请进行以下发声练习。

m————————————————————
ma————————————————————
mi————————————————————
me————————————————————
mo————————————————————

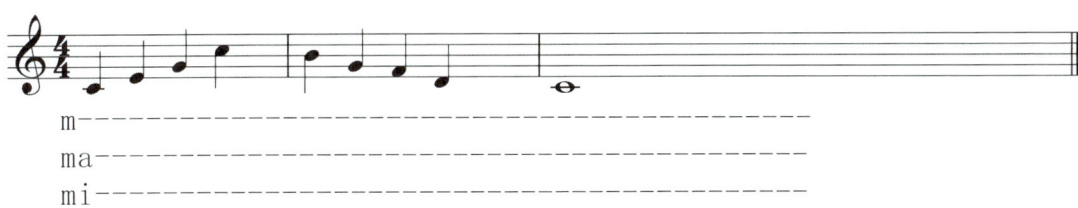

m————————————————————
ma———————————————————
mi————————————————————

> **练习提示：**
>
> 发音时不可以有重音或加强音，子音 m 要稍长一些，任何一个母音的色彩要维持到乐句完毕，结束音要弱一些，以保持声音的位置。

2. 小组合作，完成以下旋律演唱，说说软起声演唱音色的特点。

3. 编创一段三声部旋律，运用自己喜欢的方式为旋律伴奏，表演给大家看。

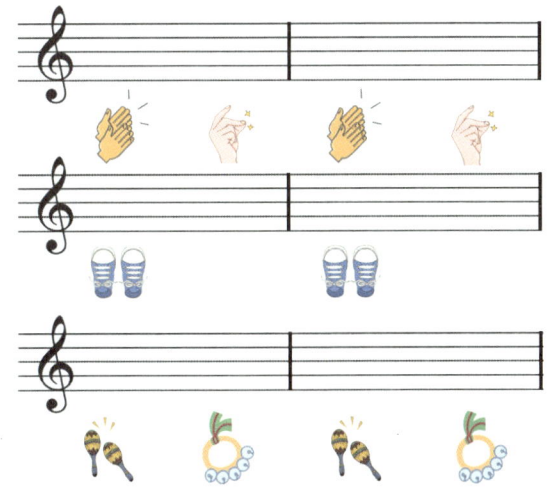

第四单元　共鸣练习

单元目标

1. 了解什么是共鸣，人体有哪些共鸣腔体。
2. 运用弱声唱法和哼鸣唱法感受共鸣位置的演唱状态。
3. 学会用垂直式练习和下行音阶练习来调节共鸣器官，找到正确的演唱方法。
4. 学习二声部合唱作品《送别》，了解渐强、渐弱的演唱方法。

第一学时

实践与创造

1. 结合自己所了解的优秀合唱团演出作品，写出对共鸣的理解。

2. 完成以下图示。

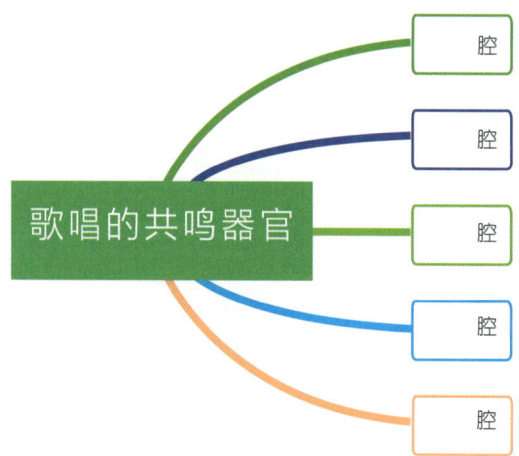

歌唱的共鸣器官 —— ☐腔　☐腔　☐腔　☐腔　☐腔

3. 强而有力的声音都是建立在良好的弱声基础上的，请用弱声唱法来演唱以下旋律。

练习提示：

弱声唱法可以避免气息过多而对声带造成损伤，同时还可以克服听觉的主观性。美好的声音应由歌唱者自行寻找，找到在什么状况下发声最自然、最动听。

4. 请用哼鸣唱法来演唱以下母音。

①母音变化，你能自如演唱吗？

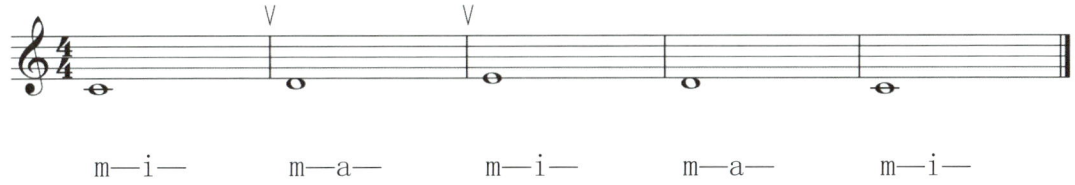

②先唱"m"再唱"ma"，说一说感受。

第二学时

实践与创造

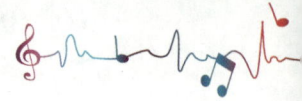

1. 请用不同的母音演唱以下旋律，再说出垂直式练习的特点。

   ①单人演唱以下旋律。

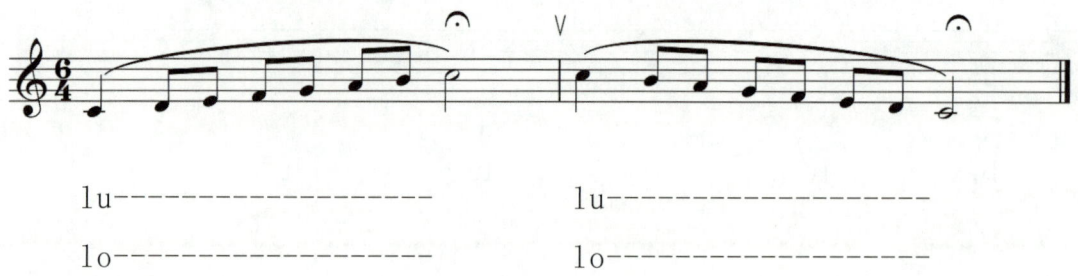

   ②小组合作演唱以下二声部旋律。

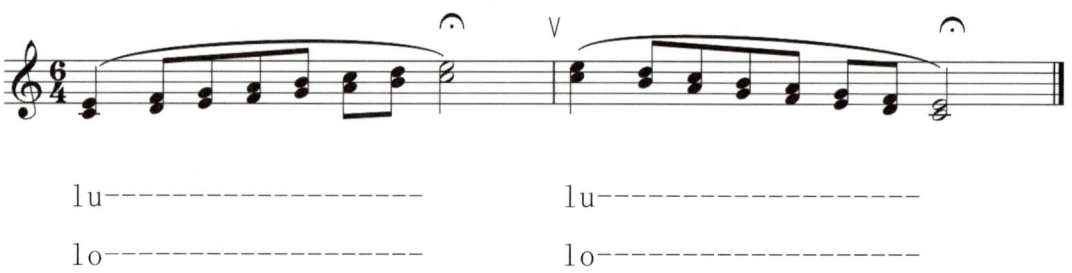

> 练习提示：
>
> 小组合作演唱二声部旋律：首先，要注意在演唱时保持音高，听辨和声效果，做到真正的和声演唱。其次，演唱时注重头腔共鸣。

2. 请在放松的状态下演唱以下旋律，体会共鸣。

3. 小组合作演唱以下旋律，互相评价演唱中是否运用了正确的共鸣方法。

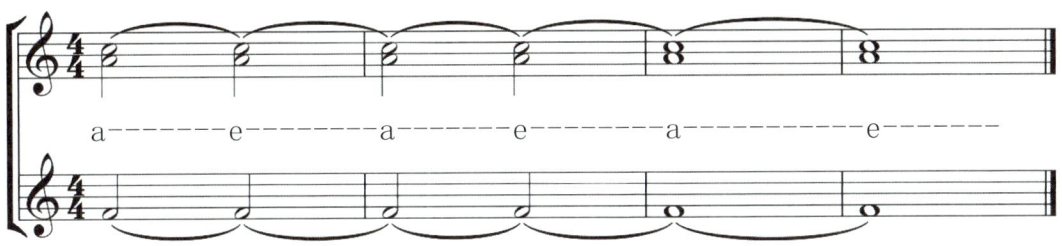

练习提示：

头腔共鸣、胸腔共鸣要同时工作才能使声音达到最佳效果，演唱时注重气息的调整与放松，不能单纯地追求头腔共鸣，要避免声音出现"尖""挤""沙"等现象。保持声音流畅、自然。

第三学时

 实践与创造

1. 请演唱以下旋律，说出乐谱中记号的意思并演唱出来。

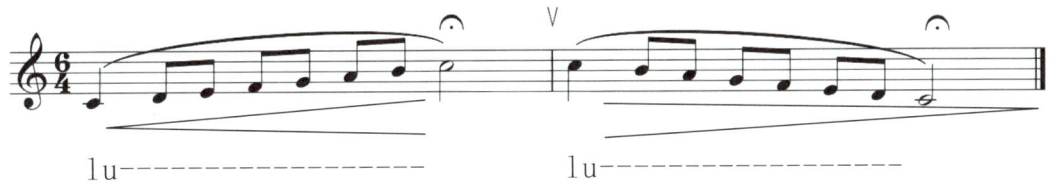

2. 请完成以下连线。

3. 聆听《送别》，说说听后感，与同学分享自己对《送别》的了解。

4. 小组合作，自主学唱《送别》，在歌谱中标记出自己认识的音乐记号。

童声合唱活动课程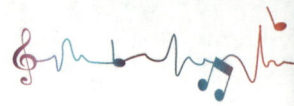

第五单元　音准的训练

单元目标

1. 了解合唱音准的集中制约因素，用自己的话说出练习音准的几种方式。
2. 进行旋律片段发声练习，尝试改善演唱中的音准问题。
3. 小组合作演唱作品，互助改善音准问题，与同学分享自己的小窍门。

第一学时

实践与创造

1. 填一填。

合唱中的音准分为纵、横两个方面：

横向音准是＿＿＿＿＿＿＿＿＿＿＿＿＿＿＿。

纵向音准是＿＿＿＿＿＿＿＿＿＿＿＿＿＿＿。

2. 边做科尔文手势，边演唱 C 大调音阶，注意音准的把握。

3. 加入科尔文手势演唱以下旋律片段，看谁的音准最好。

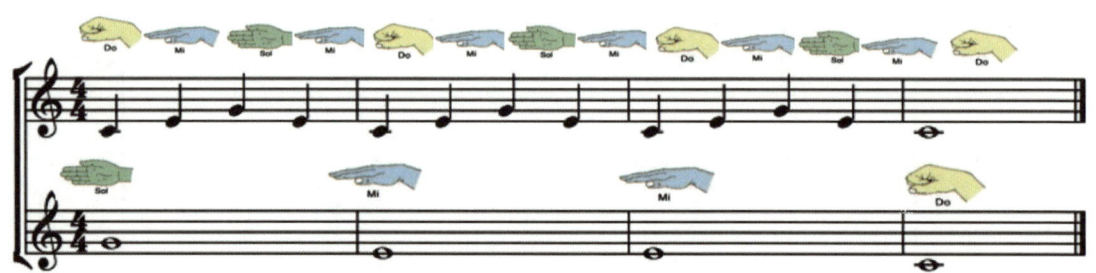

第二学时

 实践与创造

1. 仔细聆听教师弹出的音程，说说听后感。

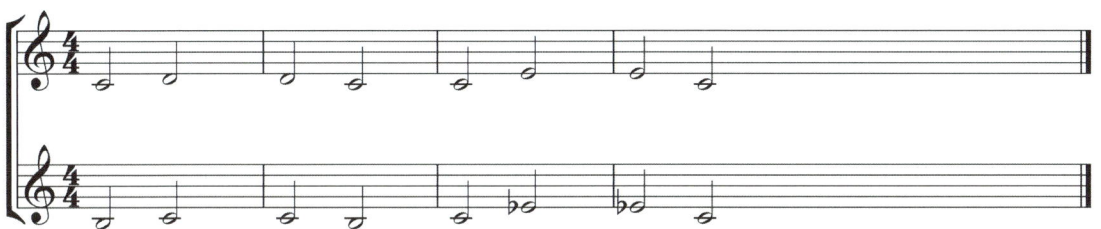

2. 请模唱教师弹出的二度、三度音程，说出它们的区别。

大二度音程：（　　）全音（　　）半音

小二度音程：（　　）全音（　　）半音

大三度音程：（　　）全音（　　）半音

小三度音程：（　　）全音（　　）半音

3. 唱一唱自己写出的二度、三度音程，看谁唱得最准确。

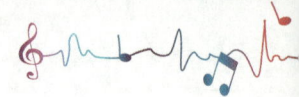

播音主持活动课程

第一单元　学做口部操

 **单元目标**

1. 在打开口腔训练和唇舌力度练习中提高咬字器官的灵活度，加强口腔共鸣、美化声音。

2. 认真听辨教师和同学示范的普通话标准音，使用文明语言，在校园中营造良好的"说普通话　写规范字"语言文化环境。

 **课时内容**

课题	内容	评价任务
学做口部操	1. 准备一段自我介绍，并用普通话向全班同学介绍自己。 2. 发声练习：打开口腔训练、唇舌力度练习、学做口部操，学会科学发声。	能够找到自己与他人在自我介绍中普通话的不足，在教师的带领下完成发声练习。

学习内容

体验活动1 自我介绍

观看《我是演说家》《职来职往》节目中参赛选手的自我介绍短片，从体态、语速、语调、节奏四个方面感受语言的魅力。自主设计一段自我介绍，在合作分享展示中探究发现自我介绍的艺术技巧。

找不足

结合自己的自我介绍和同学的自我介绍，记录自己以及他人在说普通话时有哪些不足，应该怎样改进。

体验活动2 打开口腔训练

练习提示：

1. 提颧肌。笑肌提起，面部提拉，似微笑。
2. 打牙关。嘴巴张开，拉开上下槽牙之间的距离，加大口腔容积。
3. 挺软腭。找半打哈欠的感觉。
4. 松下巴。轻收和放松下巴，防止舌根、下巴紧张。

体验活动 3 学做口部操

有趣的双唇运动练习

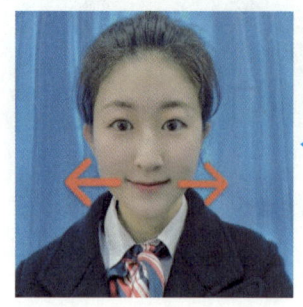

1. 咧：双唇紧闭，向前噘起，将嘴角用力向两边咧，再噘起，反复多次，发"mu""mi"音。

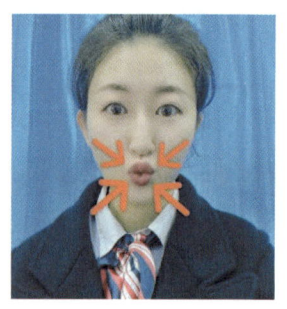

2. 撇：双唇紧闭，向前噘起，然后向左歪，再向右歪，反复多次，交替进行。

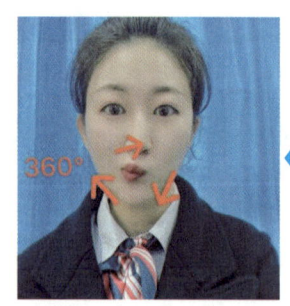

3. 绕：双唇紧闭，向前噘起，上下左右360度转圈，左一圈，右一圈。

4. 喷：双唇紧闭，阻住气流，双唇打响，用丹田气连续发出"b""p"音。

小结： 经常做口部操可以加强唇、舌的力量，提高唇、舌的灵活度，能让训练者的口齿灵活、吐字清晰、字正腔圆。

第二单元 练练嘴皮子

单元目标

1. 学习播音主持基础练习——口部操，增加唇舌力度，并学会科学的发声。
2. 能够运用正确的呼吸方法进行发声，找到丹田气，并学会运用胸腹式联合呼吸法。

课时内容

课题	内容	评价任务
练练嘴皮子	1. 由快到慢，由低到高，加强舌头灵活度。 2. 发声练习：打开口腔训练、唇舌力度练习、学做口部操，学会科学发声。	用丹田气推动舌尖，加强舌头的力度。

学习内容

1. 刮舌：舌尖抵住下齿背，张开嘴，用上门齿刮舌面，使舌面能够逐渐向上翘起。这一练习对舌面音 j、q、x 发音有问题的同学有很大的改善作用。

2. 顶舌：闭口，然后用舌尖上下左右顶内口腔。

3. 绕舌：闭口，舌尖放在唇齿间，上下左右做360度环绕。

4. 发"嘀呖呖、当啷啷、咚隆隆"音，由快到慢，由低到高，加强舌的灵活度。

5. 默背绕口令《调到敌岛打特盗》。注意用丹田气推动舌尖，加强舌的力度。

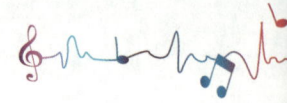

体验活动 1 象声词重叠连读

吧嗒吧嗒吧嗒嗒
当啷当啷当啷啷
咯吱咯吱咯吱吱
咕噜咕噜咕噜噜
咯噔咯噔咯噔噔

噼啪噼啪噼啪啪
乓乓乓乓乓乓乓
哗啦哗啦哗啦啦
淅沥淅沥淅沥沥
叮咚叮咚叮咚咚

体验活动 2 发声练习

对着镜子，在发声过程中用触觉、嗅觉感觉以下部位在说话时发挥的作用。

1. 上唇　　　2. 上齿　　　3. 肺　　　4. 硬腭
5. 软腭　　　6. 小舌　　　7. 下唇　　8. 下齿
9. 舌尖　　　10. 舌面　　　11. 舌根　　12. 咽腔
13. 声带　　　14. 气管　　　15. 胸腔　　16. 鼻腔

体验活动 3 挑战绕口令

说扁担长,板凳宽,板凳没有扁担长,扁担没有板凳宽,扁担要绑在板凳上,板凳不让扁担绑在板凳上,扁担偏要扁担绑在板凳上。

第三单元　语音发声

单元目标

1. 在普通话语音发声练习中体会21个声母正确的发音位置，纠正普通话表达中平、翘舌音和舌面音发音问题。
2. 总结声母、韵母的发音方法，读准四个声调。

课时内容

课题	内容	评价任务
语音发声	普通话语音实践：探究普通话声母、韵母正确的发音方法，读准四个声调，具备语音听辨能力。	你能总结声母、韵母的发音方法，读准四个声调吗？

学习内容

有个笑话说明了普通话的重要性。有个人口音不标准，他本来想说："注意了，不要讲话，现在开会了！"可其他人听到的却是："猪尾巴！不要酱瓜！咸菜太贵了！"从这个笑话中我们能够体会到说好普通话的重要性，它就像楼房的地基一样，是我们说话的根本和基础。

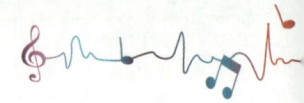

<u>汉语普通话是以北京语音为标准音，以北方话为基础方言，以典范的现代白话文著作为语法规范的现代汉民族共同语。普通话是中华人民共和国的通用语言。普通话是中华人民共和国的官方语言，也是联合国六种官方工作语言之一。</u>

体验活动 1 读准 21 个声母

声母是指一个汉语字音节起头的辅音。普通话 21 个声母按发音位置分为 7 大类，请同学们先做发音练习，再小组合作探究 21 个声母正确的发音位置，并归类到下面的空白处。

b、p、m、f、d、t、n、l、g、k、h、j、q、x、z、c、s、r、zh、ch、sh

①双唇音：　　　　　　②唇齿音：

③舌尖中音：　　　　　④舌根音：

⑤舌面音：　　　　　　⑥舌尖后音：

⑦舌尖前音：

体验活动 2 读准 35 个韵母

韵母指汉语字音中除声母、声调以外的部分，韵母由韵头（i、u、ü）、韵腹（10 个单元音）、韵尾（i、o、u、n、ng）组成。

《汉语拼音方案》中收录了 35 个韵母：

a、o、e、i、u、ü、ai、ei、ao、ou、ia、ie、ua、uo、üe、iao、iou、uai、uei、an、ian、uan、üan、en、in、uen、ün、ang、iang、uang、eng、ing、ueng、ong、iong。

体验活动 3 读准 4 个声调

字音的高低升降

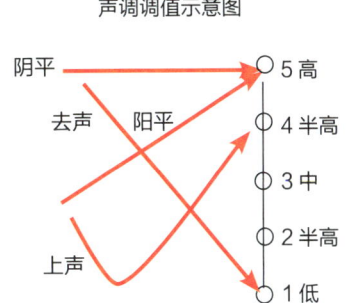

《四声歌》

学好声韵辨四声，阴阳上去要分明。部位方法须找准，开齐和撮属口形。
双唇班抱必摆波，抵舌当地斗点丁。舌根高狗工耕故，舌面机接教尖精。
翘舌主争真志照，平舌资责早再增。擦音发翻分飞副，送气茶柴产彻撑。
合口呼无枯湖古，开口河坡哥安争。嘴撮须学寻徐剧，齐齿衣忧摇夜英。
前鼻恩因咽弯稳，后鼻昂迎中拥生。循序渐进坚持练，不难达到纯和清。

第四单元　最美朗诵

 **单元目标**

1. 教师带领学生欣赏配乐朗诵，引导学生思考、感悟人生。

2. 能根据自己的声音特点选择适合自己的作品，用恰当的声音把握文学作品的语言节奏，用恰当的声音及情感塑造作品。

3. 积极参与艺术表现实践，不断提升艺术表现技能，勇于表达自己。

 **课时内容**

课题	内容	评价任务
最美朗诵	1. 对比鉴赏《匆匆》《满江红》，从文字和创作背景两个方面体会作品主题思想内容的不同。 2. 运用朗诵标注记号备稿并有感情地配合背景音乐朗诵两首作品。	你能从文字中感受到两首诗歌表达的情感有什么不同吗？你能运用标注记号备稿并能有感情地朗诵吗？

 **学习内容**

体验活动1　吸气、呼气、换气体验

1. 吸气要领：吸到肺底，两肋打开，腹壁"站定"。站姿、坐姿均可，两眼平视前方，双肩放松，双眼平视前方。想象空气中飘来妈妈做的可口的饭菜的香味，你不自觉深吸一口气，将香气吸到肺底。两肋渐渐扩张，小腹

随着吸气过程的结束渐渐绷紧不动,坚持5—10秒钟。

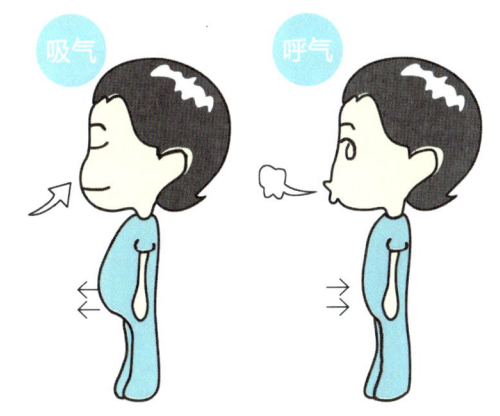

2. 呼气要领:稳劲、持久、变化。有意识地控制气息呼出的速度和时长。气息托着字走,避免一句话还没讲完就用完所有的气。随着气被缓缓呼出,小腹逐渐放松、收住。横膈膜和两肋在此状态下逐渐恢复自然状态。

3. 换气要领:两句话之间可以从容换气。句首换气,吸气无声,换了就用,留有余地,句尾气息托送。在句子中间可以进行少量补气或偷气(换气方法可根据稿件的感情色彩和文章结构灵活选取)。

体验活动 2 朗诵

欣赏文学作品

《匆匆》是朱自清写的一篇散文。文章紧扣"匆匆"二字,细腻地刻画了时间的足迹,表达了作者对时光流逝的无奈和惋惜。文章结构精巧,情景交融,层次清楚,首尾呼应;字里行间清秀隽永,纯朴简练。

《匆匆》(节选)
朱自清

燕子去了,有再来的时候;杨柳枯了,有再青的时候;桃花谢了,有再开的时候。但是,聪明的,你告诉我,我们的日子为什么一去不复返呢?——是有人偷了他们罢:那是谁?又藏在何处呢?是他们自己逃走了罢:现在又到了哪里呢?

我不知道他们给了我多少日子;但我的手确乎是渐渐空虚了。在默默里算着,八千多日子已经从我手中溜去;像针尖上一滴水滴在大海里,我的日子滴在时间的流里,没有声音,也没有影子。我不禁头涔涔而泪潸潸了。

去的尽管去了,来的尽管来着;去来的中间,又怎样地匆匆呢?早上我起来的时候,小屋里射进两三方斜斜的太阳。太阳他有脚啊,轻轻悄悄地挪移了;我也茫茫然跟着旋转。于是——洗手的时候,日子从水盆里过去;吃饭的时候，日子从饭碗里过去；默默时，便从凝然的双眼前过去。我觉察他去的匆匆了，伸出手遮挽时，他又从遮挽着的手边过去，天黑时，我躺在床上，他便伶伶俐俐地从我身上跨过，从我脚边飞去了。等我睁开眼和太阳再见，这算又溜走了一日。我掩着面叹息。但是新来的日子的影儿又开始在叹息里闪过了。

练一练嘴皮子

八百标兵／奔／北坡

炮兵／并排／北边跑

炮兵／怕把／标兵碰

标兵／怕碰／炮！兵！炮

体验活动 3　普通话我能行

第一关

《满江红》

怒发冲冠，凭栏处、潇潇雨歇。

抬望眼，仰天长啸，壮怀激烈。

三十功名尘与土，八千里路云和月。

莫等闲、白了少年头，空悲切。

第二关

靖康耻，犹未雪，臣子恨，何时灭！

驾长车，踏破贺兰山缺。

壮志饥餐胡虏肉，笑谈渴饮匈奴血。

待从头、收拾旧山河，朝天阙。

体验活动 4 记号贴贴贴

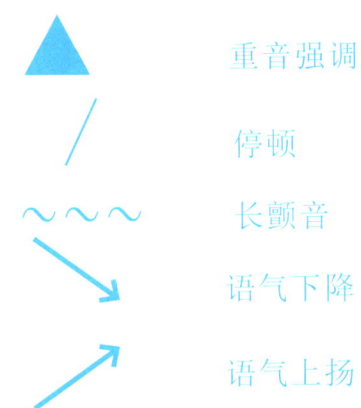

体验活动 5 玩转表演我能行

规则：随机抽取以上号码，运用**体态语**完成朗诵表演任务。

体验活动 6 最美朗诵

2—4 个同学为一组，运用朗诵标注记号备稿，从《满江红》《我与岳飞的对话》中选择一篇进行配乐朗诵，体会作品表达的思想内涵。

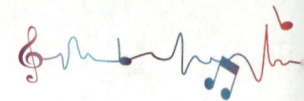

第五单元 影视配音

 **单元目标**

1. 观看《声临其境》节目片段，思考配音演员应该具备哪些素养。
2. 根据自己的音色特点与同学合作，选择喜欢的影视剧作品片段配音，恰当把握台词的停顿、重音和语气。
3. 在配音中提升有声语言表达技巧，学会用声音塑造不同的人物形象。

 **课时内容**

课题	内容	评价任务	课时
"声临其境"（影视配音）	1. 人物语言初体验。通过模仿人物语言和玩"你来说话我来猜"游戏来提高对语言的敏感度。 2. 观看配音员现场配音视频，尝试为自己喜欢的角色配音，找出配音的秘诀。	你能从文字中感受到为特定人物配音的技巧吗？你能做到配音声画同步吗？	1
	1. 鉴赏经典影视作品，分析人物形象（性格特征、语言特点等）。根据自己的声音特点找到适合的配音角色。 2. 合作配音练习。注意声画统一、台词节奏（停顿、重音、语气）的处理。 3. 合作配音展示。注意与搭档的默契程度、口型的配合、是否能找准合适的气口。	能够根据《声临其境》配音片段，总结配音需要根据哪些要素来分析人物形象，并找到适合自己的配音角色。	1
	1. 组织"声临其境"班级配音大赛，评选出优秀者。总结影视配音的方法与技巧，灵活运用、举一反三。 2. 在充分把握、理解人物特征和台词语言特点后开始配音练习，不急于求成。 3. 配音中应注意同学间的默契以及与画面的吻合度，尽量做到声画统一。	积极参加"声临其境"班级配音大赛，总结配音的方法与技巧。	1

学习内容

体验活动1　什么是配音

张铁林配音《西游记》孙悟空　　郑恺配音《三国演义》诸葛亮　　王源配音《狮子王》辛巴

谈一谈

1. 通过欣赏以上配音片段，尝试总结什么是配音。
2. 分享并交流在配音时需要注意什么。
3. 从重音、停顿、连接、语气、音色等角度分析人物的语言特点。
4. 根据自己的嗓音特点，找出适合的角色并展示。

舞台呈现

体验活动1　"声临其境"配音大赛

由4—6名同学组成一个配音团队，任选一个影视片段，并为其进行分角色配音练习，探究影视配音的方法、技巧。参与"声临其境"班级配音大赛，争做优秀者。

体验活动2　大赛分享

通过参与"声临其境"班级配音大赛，总结影视配音的方法与技巧，灵活运用、举一反三，并将它们记录下来。

第六单元　台词体验

单元目标

1. 认真观看相声小品《最好的礼物》《大城小事》《健忘老爸》《女人的N次方》，厘清人物关系、矛盾冲突点、作品的主题思想。

2. 结合台词，从停顿、连接、重音、语气、"内在语"五个角度总结归纳每个人物角色的语言特点，并运用演员需要具备的"七力四感"与同学合作，尝试模仿不同的人物角色。

3. 在小品台词体验中提高语言感受力、空间想象力和身体表现力，体会有声语言表达在戏剧中的重要作用。

课时内容

课题	内容	评价任务	课时
喜剧人生（小品台词）	通过观看小品《最好的礼物》《大城小事》《健忘老爸》的精彩片段，尝试分析人物形象（性格特征、语言特点等）。根据表现能力找到适合自己的角色，尝试处理台词，可以加入适当的肢体动作。	你能从文字中感受到所看到的小品画面吗？能用你的表现还原小品场景吗？你能做到自然、流畅地读台词，配以协调的肢体动作，并且不笑场吗？	1
	1. 再次观看小品作品，通过玩"你比画我来猜"游戏，找到表现人物的基本技巧。 2. 体验三种表演训练（用不同的情绪读台词、蒙眼睛训练、"照镜子"训练），锻炼自己的感受力、想象力和表现力。 3. 结合训练中的三个能力要素，以小组为单位，相互配合完成一个小品表演的片段。	能理解演员应该具备什么能力，并且能够用这些能力去处理小品台词。能够根据《最好的礼物》《大城小事》《健忘老爸》《女人的N次方》的片段，总结表演的基本能力，分析人物形象，根据表现能力找到适合自己的角色。	1

（续表）

课题	内容	评价任务	课时
	组织小品作品展演，评选出最佳喜剧演员。总结小品台词的处理方法与技巧，知道何为演员的"七力四感"并能灵活地运用。	积极参加小品作品展演，每人一个角色，一人饰多角或分角色完成一个作品片段，总结处理台词和表演小品的方法与技巧。	1

 舞台呈现

体验活动 1 喜剧人生

由 4—6 名同学组成一个喜剧团队，选择一个小品进行组内排练，可借助道具。

体验活动 2 小品台词体验

排演素材库中的小品作品，总结其中小品台词的技巧以及演员应具备的基本能力，灵活运用、举一反三，并将演绎的小品展示给同学们。

空乘专业活动课程

第一单元　认识礼仪

单元目标

1. 观看中国南方航空机组突发事件应急处置综合演练视频，对空乘职务进行初步了解。学习民航服务的礼仪。
2. 通过学生的自我介绍，教师观察学生姿态并进行体态评估。
3. 明确本学年空乘培训目标及课程安排，制定个人学年社团学习目标及学习计划。

实践与创造

一、民航服务礼仪的基本概述

（一）服务（Service）的释义

"S"→Smile（微笑）：服务人员应对所服务的乘客微笑。

"E"→Excellent（出色）：服务人员应该把服务的每一个细节都做得很出色。

"R"→"Ready"（准备）：服务人员应随时进行服务准备。

"V"→"Viewing"（看待）：把每一位乘客当作要服务周到的对象。

"I"→"Invitation"（邀请）：在服务结束时主动沟通，并再次邀请。

"C"→"Creating"（创造）：应为每一位乘客创造舒适的环境。

"E"→"Eye"（眼睛）：服务人员的眼神应该柔和，并时刻关注乘客的需求。

（二）民航服务礼仪的特征

差异性包括地区差异、国家差异、人与人之间的差异。因为民航服务是和人打交道，所以有经验的服务人员和没经验的服务人员之间具有差异性。

（三）服务礼仪（南方航空标准）

1. 以高贵典雅的职业形象，展示美丽客舱。
2. 以国际化的服务能力，彰显高端客舱。
3. 以主动真诚的迎送宾客，营造热情客舱。
4. 以微笑广播传递温度，打造温馨客舱。
5. 以对特殊旅客的贴心服务，演绎感动客舱。

（四）情景模拟

1. 小组间进行乘务员演绎：登机迎客。

_____

_____

2. 通过自我介绍，教师观察学生的姿态并进行体态评估。
3. 小组讨论，共同研究本学年课程安排。
4. 认真思考，与同学分享学习愿望。

第二单元　仪态礼仪

单元目标

1. 形体素质训练：柔韧练习。
2. 基本站姿训练：贴墙练习、顶书站立（男女同练）。
3. 双手交叠式站姿训练（男女分练）。
4. 基本坐姿训练：标准式坐姿、交叉式坐姿、叠放式坐姿。
5. 基本蹲姿训练。
6. 走姿训练。

一、形体素质训练：柔韧练习

1. 腿部拉伸。
2. 胯部拉伸。
3. 肩部拉伸。
4. 旁腰拉伸。

二、基本站姿训练

1. 头正：下颌稍内收，目光平视，颈部挺直，面部肌肉放松。
2. 肩平：双肩向后展开，注意不要耸肩，保持放松。
3. 收腹：做深呼吸，使腹部肌肉紧张。
4. 立腰：腰背挺直，不要弓腰驼背。
5. 开脚：脚尖打开15至30度。

三、双手交叠式站姿训练

不论是男士还是女士，都可以将双手相叠垂放于腹前。在头正、肩平、立腰、收腹、开脚的基础上双手四指并拢，右手在外，左手在内，将右手食指放于左手指根处，并将拇指放于手心处。

四、基本坐姿训练

标准式坐姿：落座后头部摆正，双目平视，下颌内收，上身挺直，胸部挺起，腹部收紧，表情放松。大腿和小腿呈90度。女士可以将双腿并拢、双手叠放压住裙角。男士的双腿稍微打开，与肩同宽。

交叉式坐姿：将双脚的脚踝交叠在一起，双腿可以垂直于地面，也可以向前伸出10厘米左右，这种坐姿适用于各种正式场合。

空乘专业活动课程

叠放式坐姿：叠放式坐姿，顾名思义就是将双腿叠放在一起，是一种造型优美的坐姿，但是这种坐姿会给人一种不太正式、悠闲的感觉，所以在一些正式场合不用此坐姿。

五、基本蹲姿训练

右脚向后退半步，前脚掌着地。重心在左脚上，身体下沉。右膝低于左膝膝盖。男士可以将双腿稍微分开，女士则双腿并拢。根据东西掉落的方向选择左脚或右脚向后退半步。

六、走姿训练

1. 步幅：女士穿裙装时，步幅不宜过大，以一脚为宜。男士穿西装时，后背平直，步幅可略大些。

2. 步速：男士和女士的步速均应自然、平稳。

3. 步态：女士的步态应体现出柔和、含蓄、典雅的风格。男士的步态则应舒展、矫健。

练习提示：
在日常练习当中要注意腰背挺直。

空乘专业活动课程

第三单元　仪容礼仪

 单元目标

1. 教师指导学生学习空乘盘发技巧，并做示范。
2. 学生积极进行盘发练习。
3. 观看视频体会空乘盘发的魅力。

空乘人员的发型标准：发髻。

需准备物品：黑色皮筋、U 形夹、一字夹、发网。

第四单元　手势礼仪

单元目标

1. 教师进行所有常见手势礼仪的展示。
2. 进行手势礼仪动作的要点讲解，组织学生进行练习，达到礼仪运用标准。
3. 通过看视频的方式了解手势礼仪的禁忌。

常用手势

手势的禁忌

_____

_____

_____

古筝演奏活动课程

第一单元　走进古筝

单元目标

1. 了解古筝的结构、定弦、演奏姿势，并能够正确佩戴古筝义甲。
2. 参与古筝认弦活动，能准确说出其音区、音名，认识古筝琴弦。
3. 感受古筝丰富的表现力和美感，并从中体会中国传统民族乐器的魅力，为古筝学习奠定基础。

第一学时

实践与创造

1. 欣赏乐曲《高山流水》，你听到的作品是用什么乐器演奏的？乐器的音色是怎样的？

"高山流水"最先出自《列子·汤问》，传说伯牙善鼓琴，钟子期善听。伯牙鼓琴志在高山，钟子期曰："善哉，峨峨兮若泰山。"志在流水，钟子期曰："善哉，洋洋兮若江河。"伯牙所念，钟子期必得之。子期死，伯牙谓世再无知音，乃破琴绝弦，终身不复鼓。后人用"高山流水"比喻知音或知己。

古筝曲《高山流水》是浙江的传统筝曲，由王巽之传谱，范上娥整理改编。此曲具有古朴典雅、浑厚细腻的特点，被公认为中国传统器乐曲中具有代表性的作品。

2. 观看微课视频，结合资料自主学习，了解古筝的起源、发展等相关知识。

3. 结合图片及相关资料，对古筝构造做大致的了解，在教师的带领下去触摸古筝的每个部分，并说出它的名称。

4. 组长带领组员互相提问古筝构造的名称，每位同学能够准确、快速地在琴上指出来。

5. 自主观看视频，学习义甲的佩戴方法，并规范佩戴好义甲。

 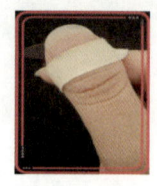 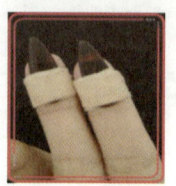

6. 根据教师给出的口令，看谁能在最短的时间内将左右手的义甲规范地佩戴好。

> 练习提示：
> 不要让义甲挡住手指的关节，有一半胶布应粘贴在手指的指甲上。

第二学时
实践与创造

1. 观看微课视频，自主学习规范的古筝演奏的坐姿和手形。

> 坐姿：
> ①男生双腿打开坐好，女生双腿并拢向左侧微微倾斜，仪态自然大方。
> ②全身自然放松，身体距离古筝一拳距离。
> ③胯部与古筝平行。

古筝演奏活动课程

手形：

①双手自然悬在琴弦上方。

②手中如有一枚鸡蛋，既不能碎，也不能掉落。

③注意放松，避免手臂紧张。

④距离前梁3—4厘米处进行弹奏。

2. 用规范的姿势和手形在古筝前做演奏前的准备。

3. 看谁的坐姿最标准、谁的手形最规范，选出优秀学员。

4. 牢记二十一根弦的位置，并在古筝上分别指出。

5. 教师报出音名，学生在琴上快速指出对应的琴弦，看看谁又快又准。

6. 以小组为单位，两人一组，一人指一根琴弦，另一人快速说出对应的音区及音名。

练习提示：

根据教师和助教的指导，对不规范的动作进行纠正和调整。

第二单元　基本指法——勾、托、抹

单元目标

1. 学习古筝基本演奏指法——勾、托、抹，掌握弹奏要领，并完成勾托、抹托、勾托抹托指序练习。

2. 能够将勾、托、抹三个基本指法熟练运用到作品《沧海一声笑》中，准确、熟练地奏乐曲。

3. 分组展示作品，交流演奏感受，提升艺术表现力。

第一学时

实践与创造

1. 观看微课视频，自主学习指法"托"（⊔⌐），演奏时拇指向里（手心）、向低音的方向拨弦。

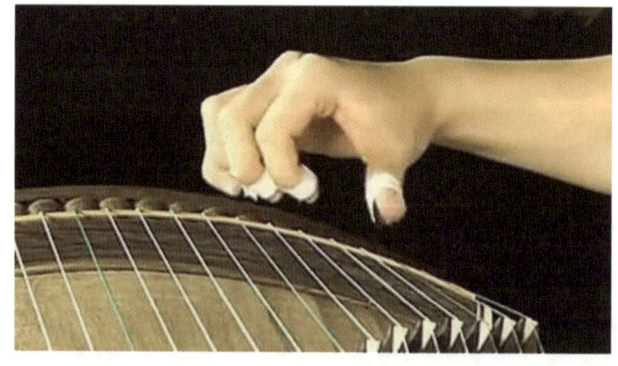

2. 保持手形，边唱边用指法"托"弹奏上行、下行音阶练习。

3. 听教师说出的音名，在琴上快速找到琴弦并用托指弹出。

4. 自主进行右手拇指练习，并进行小组合作展示。

1=D 2/4

⌐5 ⌐5 | 3 - | ⌐5 ⌐5 | 3 - | 5 3 | 1 3 | 5 5 | 5 - ‖

古筝演奏活动课程

第二学时

实践与创造

1. 观看微课视频，自主学习指法"抹"（ \ ），演奏时食指向里（手心）、向高音的方向拨弦。

2. 保持手形，边唱边用指法"抹"弹奏上行、下行音阶练习。

3. 听教师说出的音名，快速找到琴弦并用抹指弹出。

4. 自主进行右手食指练习，并进行小组合作展示。

1=D 2/4

\ \ \
1 3 3 | 1 3 | 5 5 | 5 - | 3 6 6 | 5 3 | 5 6 | 5 - ‖

练习提示：
①保持手臂下垂时的放松状态。
②单指弹奏时，手指小关节要主动，手掌要稳固。
③弹奏时，义甲的前部触弦，并应使义甲的平面完全触弦。

第三学时

实践与创造

1. 观看微课视频，自主学习指法"勾"（ ⌒ ），演奏时中指向里（手心）拨弦，请在五弦上试奏。

2. 保持手形，边唱边用指法"勾"弹奏上行、下行练习。

3. 听教师说出的音名，快速找到琴弦并用勾指弹出。

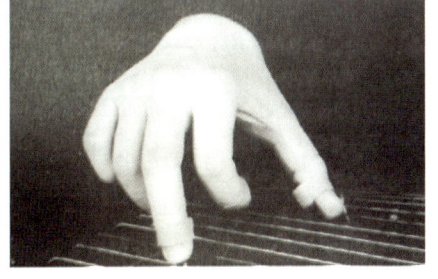

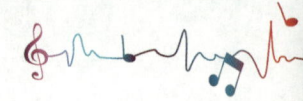

4. 自主进行右手中指勾指练习，并进行小组合作展示。

右手中指勾指练习

练习提示：
弹奏时义甲的平面应完全触弦，快速触弦可避免一部分杂音。

第三单元 演奏技法——花指、颤音

单元目标

1. 学习古筝演奏技法——花指、颤音，并能准确地弹奏。
2. 欣赏、哼唱《茉莉花》，感受作品表现的意境，并将花指、颤音技法运用到作品演奏中。
3. 完整地演奏乐曲《茉莉花》，体会装饰音在古筝乐曲中的独特韵味，感受弹奏的乐趣。

第一学时

实践与创造

1. 巩固"勾、托、抹"基本指法练习，自主完成练习曲。

2. 聆听、欣赏《茉莉花》，从节奏、旋律等方面分析乐曲的情感及风格特点。

中国民歌《茉莉花》，旋律的音调清丽、婉转，乐曲的风格柔美、细腻，音阶比较平缓，演唱时富有感情。这首歌曲在海内外广为流传，是中国民族文化的代表元素之一。

3. 观察《茉莉花》乐谱，说一说乐谱中出现的音乐记号并准确视唱。

茉莉花

1 = D 4/4

——选自《古筝考级曲集》，以课堂中的完整谱例为准

4. 用"勾、托、抹"基本指法演奏《茉莉花》。

第二学时
实践与创造

1. 观看《颤音讲解》视频，了解什么是颤音并写出自己的理解。

2. 听教师说出的音名，快速找到琴弦并进行颤音弹奏。

3. 掌握颤音的演奏要领，自主完成练习曲。

1=D 4/4

4. 找出《茉莉花》中的颤音记号,并在演奏中准确表现出来。

练习提示:

①左手立于筝码左侧约 15 厘米的位置。

②食指、中指、无名指三指并拢,自然弯曲,指尖立于琴弦上。

③手臂带动指尖上下匀速颤动,保持手臂、手腕、手背在一个平面。

第三学时

 实践与创造

1. 观看《花指讲解》视频,了解花指的弹奏要领,对比说出双手勾托抹托和花指技巧的指法特点。

2. 听教师说出音名,快速找到琴弦并用花指弹奏。

3. 掌握花指的演奏要领,自主完成练习曲。

4. 弹奏《茉莉花》中的花指部分,说一说加入装饰音的《茉莉花》与未加装饰音的《茉莉花》有什么区别。

练习提示：

①义甲触弦不要太深，应轻轻地划过，让演奏如行云流水。

②演奏时，手指要有前推的动力，指关节不能塌陷，保持正确的手形。

第四学时

实践与创造

1. 巩固颤音与花指的基本功，将两种指法融入弹奏中，独立并完整演奏《茉莉花》。

2. 全体同学配合伴奏完成作品的齐奏。

3. 你感受到装饰音在古筝乐曲中展现的独特韵味了吗？结合《茉莉花》的曲调特点，说说你的理解。

4. 结合民歌特色，创新演奏形式，以小组为单位展示作品。

第四单元　演奏技法——大撮、小撮

单元目标

1. 掌握大撮、小撮两个指法的弹奏方法，并能用较好的音色表现出来。

2. 能将大撮、小撮指法运用到《北京的金山上》，并有表现力地弹奏作品。

3. 分组跟伴奏展示作品，对他人的表现做出评价。

古筝演奏活动课程

第一学时

实践与创造

1. 观看微课视频，自主学习指法"大撮"（⌒），用自己的话说出弹奏方法。

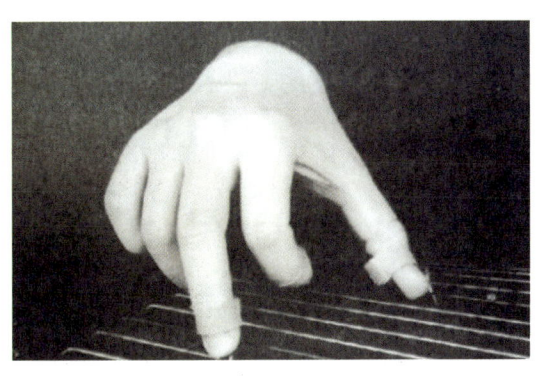

2. 保持手形，用指法"大撮"进行上行、下行练习。

3. 听教师说出的音名，快速找到琴弦，并用大撮指法弹奏出音程。

4. 自主进行大撮指法练习，并进行小组合作展示。

——选自《古筝考级曲集》，以课堂中的完整谱例为准

练习提示：

①拇指和中指同时弹奏，不要一前一后发声。

②弹奏时两指要均匀发力，将力量集中于指尖，既不要偏重拇指，也不要偏重中指。

③拇指和中指弹完后手形自然放松，避免两指义甲相互碰撞发出杂音。

第二学时

实践与创造

1. 观看微课视频，自主学习指法"小撮"（︵），用自己的话说出弹奏方法。

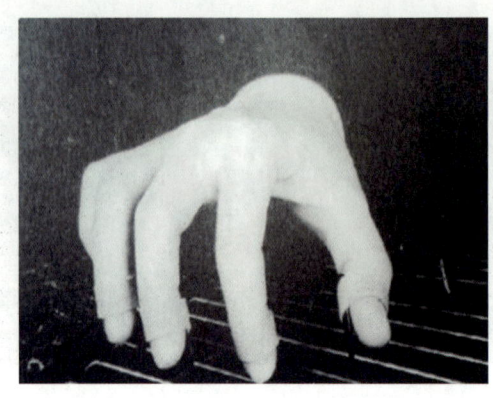

2. 保持手形，用"小撮"指法进行上行、下行练习。
3. 自主进行小撮指法练习，并进行小组合作展示。

练习提示：
①拇指、食指同时触弦、同时离弦，不要一前一后发声。
②弹奏时两指要均匀发力，将力量集中于指尖，拇指一定要与食指相对用力。
③注意触弦后虎口呈圆形，拇指和食指弹完后手形自然放松，避免两指义甲相互碰撞发出杂音。

第三学时

实践与创造

《北京的金山上》是一首根据藏族民歌改编的古筝独奏小品。歌曲旋律优美，易于传诵，其五声音阶的级进式发展变化与古筝五声音阶的弦序排列十分吻合，因此，对初学者来说较易上手。另外，乐曲的节奏也较为简单、平稳，主要以八分音符为主，甚少变化。再者，指法编排也相对规整，只有托、抹、

古筝演奏活动课程

勾三种指法及其组合形式。作为启蒙筝曲，《北京的金山上》为初学者走进古筝音乐世界开启了一扇便捷之门。

1. 观看微课视频或观看教师的示范演奏，说一说自己的感受。
2. 观察曲谱，找找乐谱中出现了哪些指法。

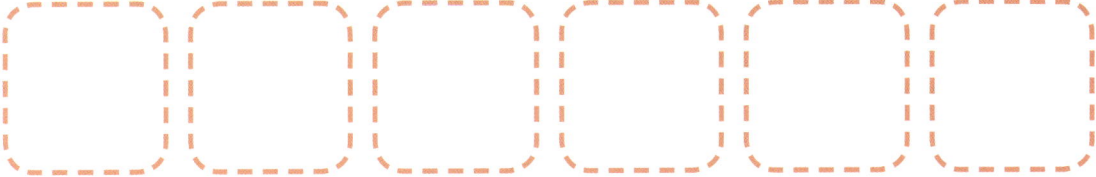

3. 跟随教师的弹奏，唱一唱曲谱。
4. 练习试奏《北京的金山上》的前半段。
5. 小组合作展示作品片段。

第四学时
实践与创造

北京的金山上

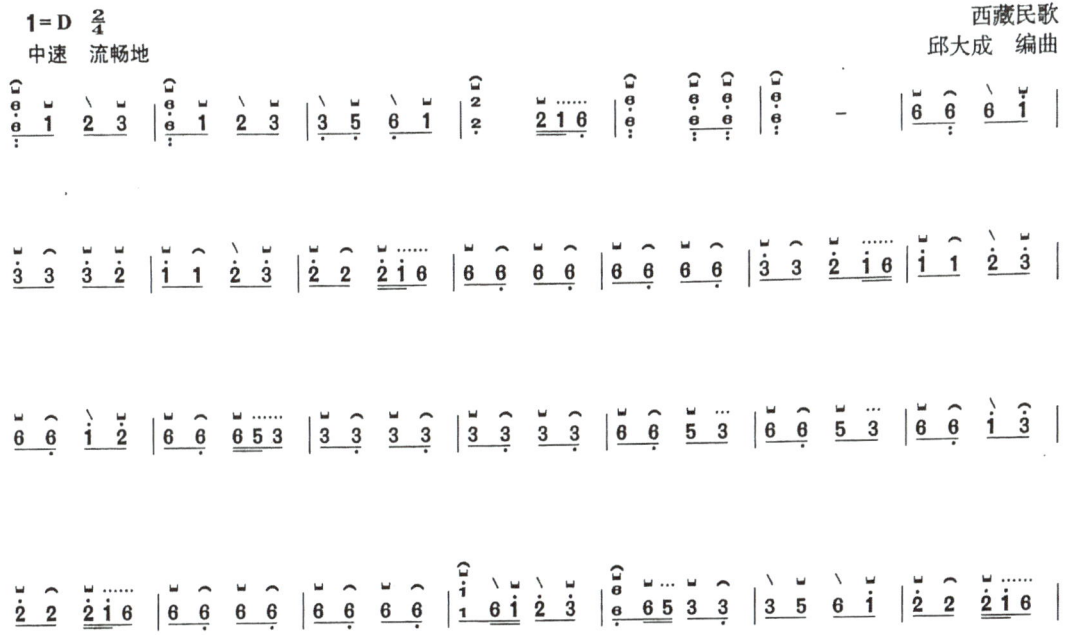

西藏民歌
邱大成 编曲

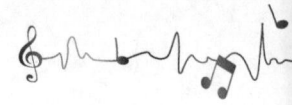

——选自《古筝考级曲》，以课堂中的完整谱例为准

1. 复习演奏乐曲《北京的金山上》的前半段。
2. 跟随教师的弹奏，唱一唱曲谱。
3. 练习试奏《北京的金山上》的后半段。
4. 小组合作完整展示作品。

少先队鼓号队活动课程

第一单元 认识少先队鼓号队

单元目标

1. 欣赏少先队鼓号队作品，了解少先队鼓号队的相关知识，感受少先队鼓号队的魅力。
2. 依据教师的指导进行训练。
3. 明确少先队鼓号队的课程安排及训练目标，制定个人训练计划。

知识梳理

一、少先队鼓号队的性质

少先队鼓号队（以下简称鼓号队）是少先队礼仪教育的重要形式，训练过程就是参训队员素质拓展的过程。规范的鼓号队训练能锻炼队员的顽强意志，培养队员的团队意识，增强队员的集体荣誉感。一支训练有素的鼓号队，能提高少先队活动的整体水平，是少先队开展活动、实施德育教育、美育教育和组织纪律训练的有效载体。鼓号队是少先队文化传播的有力武器，鼓号队的精彩表演既能体现少先队独有的魅力，又能扩大少先队的声势，更能展示少先队员朝气勃勃、乐观、积极向上的精神风貌。

二、少先队鼓号队的组成

1. 鼓号队由旗手、护旗手、指挥员、号手、镲手、大鼓手和小鼓手组成。
2. 鼓号队的乐器构成：一个单元包括一个大鼓、四个小鼓、两支号（每两个单元配一对镲，仅有一个单元也可配一对镲）。

3. 鼓号队的排列顺序：旗手、护旗手、指挥员、号手、大鼓手、镲手、小鼓手。

三、队员要求

1. 旗手、护旗手，男女队员均可担任。要求：精神饱满，五官端正，身材高大，体格健壮。

2. 指挥员，男女队员均可担任。要求：五官端正，身材匀称，体格健壮，节奏感强，灵活敏捷，记忆力好。

3. 号手，通常由男队员担任。要求：体格健壮，牙齿整齐，唇薄有劲，乐感好。

4. 大鼓、小鼓手，通常由女队员担任（男队员也可）。要求：体格健壮，身材较高，性格稳定，仪态大方。

5. 大镲、小镲手，通常由女队员担任。要求：身材匀称，乐感好。

四、器材要求

1. 队旗，通常使用标准大队旗（1.2m×0.9m），杆长2.1m。大型的鼓号队（8个单元以上）可使用加大号队旗（1.8m×1.2m），杆长2.6m。

2. 指挥棒，根据乐队的需要进行选购，尺寸不一。

3. 队号，主要以小号为主。长号、大号、萨克斯、圆号等作为辅助乐器。小号配号旗（35cm×25cm）。

4. 队鼓、队镲，有大小之分，根据要求选购合适的尺寸即可。

少先队鼓号队活动课程

第二单元 吹奏乐器训练——木管乐器

 单元目标

1. 了解长笛、单簧管、萨克斯的乐器属性、乐器音色及演奏方法。
2. 能够熟练演奏 C 大调音阶和琶音。
3. 小组合作，运用正确的演奏姿势进行简单的演奏。

第一学时

1. 长笛的指法训练。

实物指法标注	音名	唱名	左手					右手			
			大拇指	食指	中指	无名指	小指	食指	中指	无名指	小指
	C	1 / î î / î	1	2							5
			1					2			5
	D	2 / 2 ź / ź	1		2						5
	E	3 / 3 / ȝ	1	2	3	4		2	3	4	
			1		3			2	3	4	
			1		3	4					5
	F	4 / 4 / 4̣	1	2	3	4		2	3	4	5
			1		3	4		2	3	4	
			1		3	4	5				5
	G	5 5̇ / 5̣	1	2	3	4		2			5
			1	2		4		2			5
	A	6 6̇ / 6̣	1	2	3	4		2			5
			1		2	3	4				5
	B	7 7̇ / 7̣	1	2	3						5
			1		3			2			5

2. 依据谱例进行长音练习。

第二学时

1. 单簧管的指法训练。

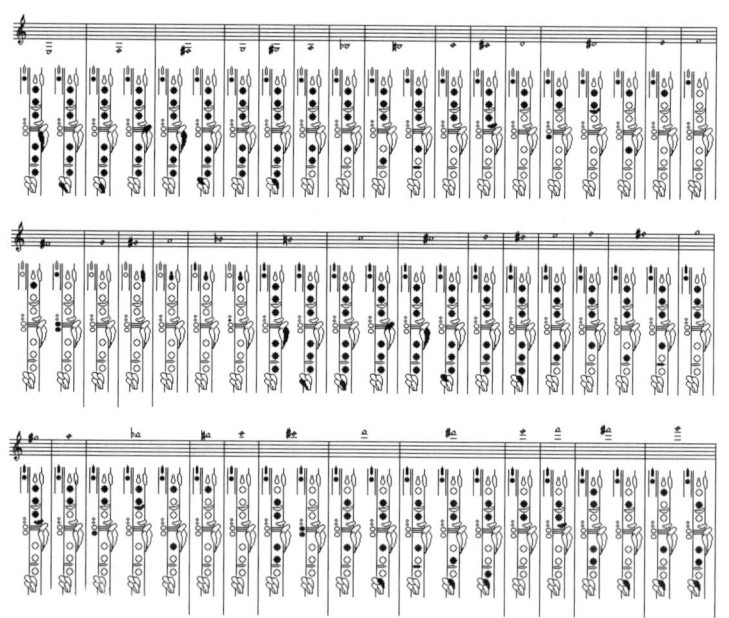

2. 依据谱例进行音阶训练。

第三学时

1. 萨克斯的指法训练。

ᵇB 萨克斯奏 1=E、ᵇE 萨克斯奏 1=A

2. 依据谱例进行音阶与琶音练习。

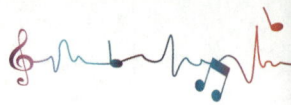

第三单元　吹奏乐器训练——铜管乐器

 **单元目标**

1. 了解小号、长号、圆号、中音号的乐器属性、乐器音色及演奏方法。
2. 能够熟练演奏 C 大调音阶和琶音。
3. 小组合作，运用正确的演奏姿势进行简单的演奏。

第一学时

1. 小号的指法训练。

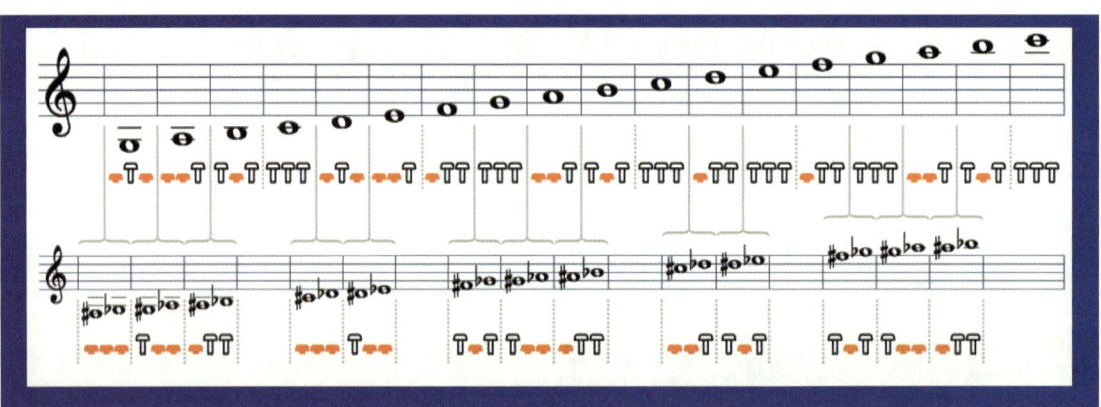

2. 依据谱例进行音阶练习。

第二学时

1. 长号的把位训练。

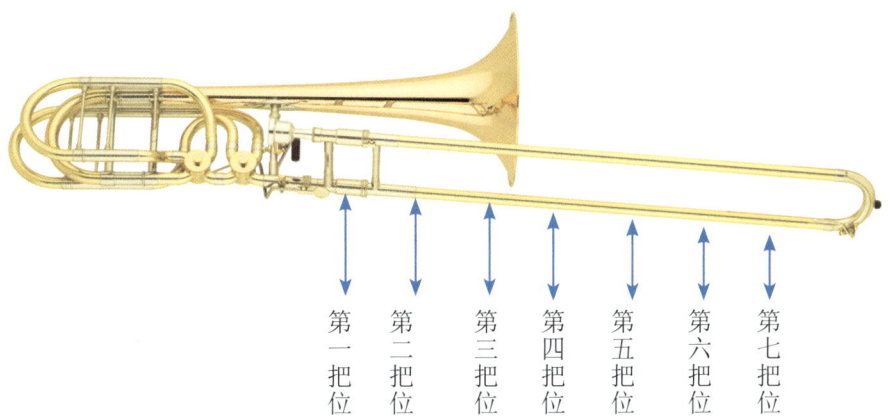

2. 依据谱例进行音阶与琶音练习。

第三学时

1. 圆号的指法训练。

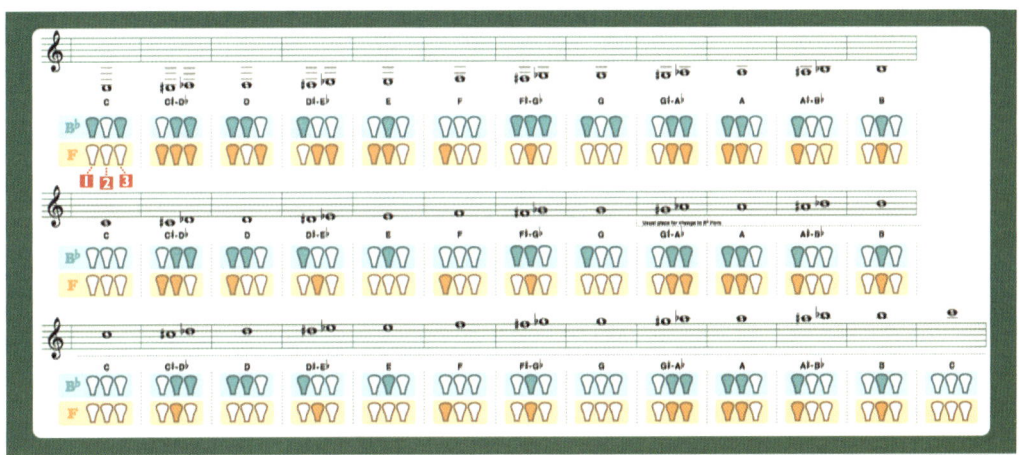

2. 根据谱例进行音阶与琶音练习。

第四学时

1. 中音号的指法训练。

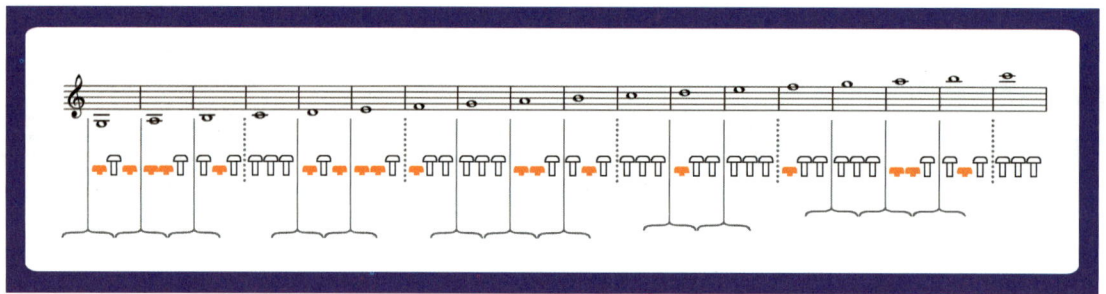

2. 根据谱例进行音阶与琶音练习。

第四单元　打击乐训练

单元目标

1. 了解打击乐的作用，快速熟悉打击乐的手势。
2. 能够熟练掌握打击乐器的训练方法与动作。
3. 与同学探讨，运用正确的姿势进行训练。

第一学时

大鼓的训练

1. 站姿的步骤与基本要求。

（1）立正。

（2）背鼓：双钩形鼓带左肩右挂；背心形鼓带挂两肩，身体与鼓保持平稳。

（3）鼓身紧贴腹部。

（4）右手持槌，槌头紧贴裤缝下垂。

（5）左手握鼓身把手或鼓身上部横梁，鼓身上部与胸平齐。

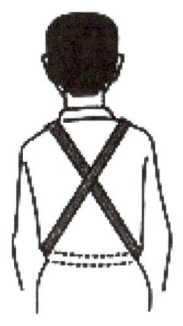

2. 握槌动作的基本要求。

（1）右手握住槌柄末端。

（2）槌柄放于掌心，经食指伸出，四指自然握柄，拇指伸直按柄。

3. 预备击奏姿势的基本要求。

(1)"准备好"姿势：右手持槌经体前上举与身体呈 45 度。

(2)"预备"姿势：右手持槌向右摆 45 度。

4. 击奏动作的基本要求。

(1) 上击：右手持槌从右上方沿 45 度画弧向内转腕敲击鼓面中下部。

(2) 下击：右手持槌自右下方沿 45 度画弧向外转腕敲击鼓面中下部。

(3) 上摆：右手持槌从下往上击后，利用小鼓"滚奏"一拍的时值，用右臂带动手腕使鼓槌沿 45 度画弧呈预备姿势。

(4) 下摆：右手持槌从上往下击后，利用"滚奏"一拍的时值，用右臂带动手腕，鼓槌沿 45 度向下画弧至体侧。

第二学时

小鼓的训练

1. 站姿的步骤与基本要求。

(1) 立正。

(2) 背鼓：鼓带左肩右挂。

(3) 鼓身紧贴腹部。

(4) 鼓面斜向右上方。

(5) 双手各持槌自然下垂，左槌尖向上，右槌尖向下。

2. 握槌动作的基本要求。

(1) 右手动作：握鼓槌末端三分之一处；握槌时掌心向下，手背向上；用拇指和食指第二关节夹紧鼓槌，其余三指轻触鼓槌。

(2) 左手动作：握鼓槌末端三分之一处；握槌时掌心向上，手背向下；五指微屈，置鼓槌于虎口和无名指的第一关节上，用拇指把鼓槌夹紧。

3. 击奏动作的基本要求。

右槌尖击在鼓面后半部，左槌尖击在鼓面前半部。

4. 手位的基本要求。

击鼓时，右臂弯曲 90 度，上臂不动，下臂上提，高于鼓面约 10cm，用手腕控制鼓槌击奏；左手肘略向外弯曲，下臂上提，高于鼓面约 10cm，用手腕控制鼓槌击奏。

少先队鼓号队活动课程

第五单元　指挥训练

单元目标

1. 了解指挥的作用和指挥在乐队中的手势。
2. 熟知指挥图示的标准与动作。
3. 与同学合作探讨，运用正确的指挥手势进行训练。

第一学时

"指挥是半支乐队"，训练有素的指挥不仅动作舒展、优美、大方，而且能带领全队应付各种场合，出色完成少先队礼仪活动任务。少年鼓号队的指挥应从队员中选拔，要注意进行严格的队列训练、组织能力训练、形体训练、表情训练和指挥动作训练。

一、非演奏指挥动作姿势

1. 取旗与扛旗的基本要求。

指挥旗（或指挥杆）一般放置在鼓号室的重要位置。取旗时指挥应戴手套，左手握住指挥旗中部将其提起，右手虎口向上握住杆下部（响锤上方），双手使指挥旗斜靠在右肩上，与身体正中线呈30度角，杆底向前，杆身紧贴右臂，左手放下呈自然姿势。在没有演奏的稍息、立正、行进过程中，指挥在没有特别要求的情况下，应保持扛旗姿势。

2. 上乐器与持旗待令动作的基本要求。

上乐器：指挥在扛旗姿势的基础上，左手抬起伸至右肩上方，虎口向下握住指挥杆，双手迅即将指挥杆向前下方平放，指挥杆与地面平行，两臂自然伸直置于身体两侧。队员见此指令，大鼓队员挂鼓，其他队员持乐器站立。

持旗待令：上乐器之后，双手迅即将指挥杆立于身体左侧，杆身与地面垂直，右前臂与上臂呈90度角。左手随后放开指挥杆，放下呈立正姿势站立。

队员等待指挥的下一个指令。

各就各位　　　注意　　　预备　　　"一"　　　"二"　　　"起奏"或"收"

3. 下乐器转扛旗动作的基本要求。

指挥在鼓号队演奏结束时呈持旗待令姿势。持指挥杆的右手稍下落，同时左手虎口向下握住指挥杆上端，两手相距约60cm。双手迅即将指挥杆向前下方平放，指挥杆与地面平行，两臂自然伸直置于身体两侧，稍顿，双臂伸直将指挥杆平举至头上方，然后迅即平行放下。队员见此指令，大鼓队员摘鼓，呈立正姿势站立。下乐器后，指挥执旗姿势转为扛旗。

二、演奏指挥动作姿势

1. 预备动作的基本要求。

在持旗待令动作的基础上，将指挥杆举起，杆身向前倾斜，与身体正中线呈30度角，右臂伸直与指挥杆呈一条直线。见此指令，队员持乐器进入演奏状态。

2. 左手辅助指令动作的基本要求。

在预备动作的基础上，举起左手，告诉队员演奏第几套乐曲。

3. 起式动作的基本要求。

当全部队员进入演奏状态时，发出"开始"指令：在预备动作的基础上，将指挥杆向右肩上方落下（手肘前指），用一拍的时值完成，随后向上还原为预备动作，用一拍的时值完成，指挥杆迅即向下落（左手随之放下），音乐起。

4. 指挥运行动作的基本要求。

强拍向下运行至髋骨上端，弱拍向上运行至拳面与肩平。在拍点上要有弹性，弹性表现在两个拍点上。

5. 衡量运行动作质量的标准。

拍点明确，

力道准确，

刚劲有力，

富有弹性，

运行流畅，

节奏稳定。

指挥图示

第二学时

1. 队号的姿势训练。

吹奏时双唇呈微笑形，牙齿在口腔内上下对齐，嘴角轻轻向外拉并紧闭，唇中留一小缝。号嘴轻放在唇中间，上下嘴唇约占号嘴的一半。注意：双唇勿向前噘；上唇勿盖下唇，下唇勿包上唇；下巴要平，两腮勿涨鼓；嘴角用力一致，勿向一侧强拉；号嘴勿重压唇。

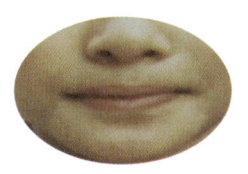  

2. 队号的气息训练。

初学时应先进行徒手练习：端正站立，两手叉腰。

运气练习：练习中长跑，然后做扩胸运动。嘴微张，合齿（上下对齐）练习深呼吸。

吸气、吹气练习：按吹奏口型将气缓慢匀速吹出。注意：吸气时，勿凹腹，勿耸肩；如灌水入壶，先由底部（腹）逐渐上满（胸），吸气宜"快"宜"满"；吹气宜"缓"宜"匀"，气流控制柔中带刚，可让队员把手掌放在嘴前，感受吹出的一丝气流；吹气如倒水，先上（胸）后下（腹），故胸复位在先，腹复位在后。

3. 队号的吹奏训练。

吹奏训练在口型训练和气息训练之后进行。认真完成一个阶段的训练后，方可进入下一个阶段的训练，而且还要不断温故知新。

4. 鼓号队的建设与布局。

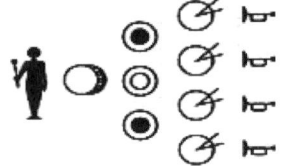

小型鼓号队

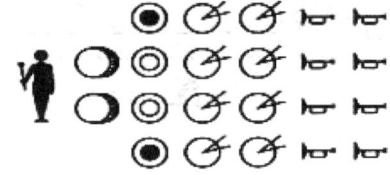

中型鼓号队

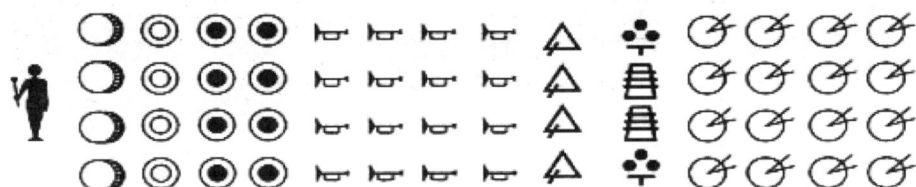

大型鼓号队

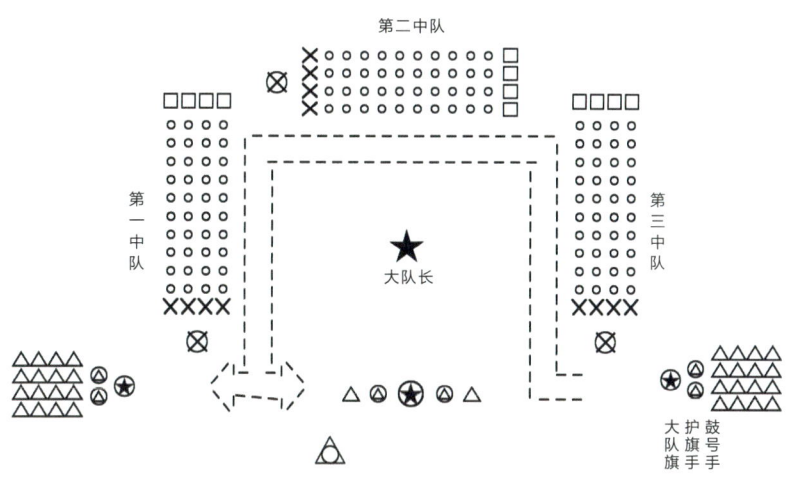

鼓号队行进路线

5. 鼓号队的服装要求及乐器保养。

服装要求：服装款式的选择要体现中国少年先锋队的组织特点，要有少先队的明显标志。指挥的着装要与队员有所区别。

乐器的保养：乐器使用完毕后，要按照编号顺序存放，放乐器的房间要干燥通风。队员要定期擦拭、保养乐器，大小鼓使用完毕后要适当松一松鼓卡，存放号之前要将号管里的水倒干净。

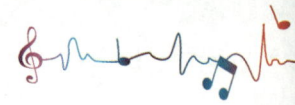

管弦乐队活动课程

管弦乐队活动课程

第一单元　走进管弦乐队

 **单元目标**

通过了解管弦乐队的编制、乐器演奏的基本方法以及对五线谱知识的学习，提升对管弦乐队相关知识的学习兴趣，并为乐器演奏打下基础。

一、了解管弦乐队的编制及乐器组

（一）铜管乐器组

1. 小号

小号，俗称小喇叭，铜管乐器家族的一员，常负责旋律部分或高亢节奏的演奏，是铜管乐器家族中音域最高的乐器。常用于军乐队、管弦乐团、管乐团、爵士大乐团或一般爵士乐团，根据不同曲目调整编制。

小号由号嘴、管体和机械组三大部分构成。其发音源于气流、发音体、共鸣体的协作，气流是小号发音的动力。从人体呼吸器官呼出来的气流，有大小不同的流量和快慢不同的流速。流量和流速对于小号的发音有着很大的影响。一般来说，奏强音时流量大、流速快；奏弱音时流量小、流速慢；奏高音时流量小、流速快，奏低音时则相反。奏强高音时流量大、流速快；奏弱高音时流量小而流速快；奏强低音时流量特大、流速快；奏弱低音时流量小而流速慢。熟悉在吹奏高低强弱不同的音时所需气流的流量与流速的关系是很重要的。

演奏者可以通过控制嘴唇间的空隙、呼气量及

震动的力度来改变音调、音量及音饰。小号上有三个活塞，每按下一个活塞，都会因增加空气通过的管道的长度，音调变低。第一个活塞使音调降低一个全音（两个半音），第二个活塞使音调降低一个半音，第三个活塞约为前两个活塞降低音级的总和（三个半音）。各种不同的组合使小号演奏者能吹出完整的半音阶。

2. 次中音号

次中音号根据按键类型可分为立键和扁键两种。与其外形类似的还有上低音号和中音号，音域略有不同。还有一种次中音号叫瓦格纳大号，最初诞生于十九世纪，当时德国作曲家理查德·瓦格纳的一部舞台音乐剧中需要一种柔于长号、亮于圆号的乐器，1851年德国的莫里兹将其制成，其体积小于大号又与当时的大号十分相似，被称为"瓦格纳大号"。

次中音号是一种相当灵巧的中音乐器，可以自如地演奏音阶、半音阶、八度以内音程的跳进、分解和弦以及装饰音。次中音号的舌奏有三种方法，分别为单吐法、双吐法、三吐法。次中音号加弱音器后，音色稍暗，让听者有朦胧之感，而在强奏时相当费气。安装弱音器后，发音偏高，要及时调整音高。

如果将乐器拟人化，也许可以把次中音号比作一个成熟有教养的白领或绅士，没有粗俗与浮媚，给人清新、宁静的感觉。这也许就是世界乐器千变万化，但在军乐队中次中音号始终占有一席之地的原因所在。在东欧的军乐队中，次中音号的运用相当普遍，音乐编配上也很丰富，在乐队中的分量可谓相当重要。

3. 拉管长号

拉管长号本调为 ^bB 调；使用低音谱号，不移调记谱。实用音域为 E— ^bB。由号嘴、U形套管（管长2.75米）、里管、调音管、喇叭口等（低音长号还带有一个回转式四度活塞和一根四度附加管）几大部分构成。还有一种活塞长号，现在已基本淘汰。

拉管长号使用的材质为磷铜管。乐器音色高昂、庄严、壮丽，声音嘹亮而富有威力，弱奏时温柔委婉。因其音色鲜明统一，在乐队演奏中很少被同化，甚至可以与整个乐队抗衡。拉管长号能演奏半音音阶和独特的滑音，常演奏雄壮乐曲的中低音声部，是军乐队中用来演奏中低音旋律的主要乐器。在管弦乐队中很少用于独奏。

4. 圆号

圆号，唇振动气鸣乐器，又称法国号，属于铜管乐器，包括铜制螺旋形管身、漏斗状号嘴，喇叭口较大，通常有四个键（有直立式和旋转式两种）。圆号被称作交响乐中的"乐器之王"，不仅能吹出铜管的嘹亮之音还能吹出木管的柔美之音。圆号声音柔和、丰满，可以与木管、弦乐器的声音很好地融合在一起。在交响乐队中通常使用四支圆号。

古典圆号的音高为F调或 ♭B 调，通常用增加管子长度的办法降低圆号自然泛音的音高。使用阀键，演奏者能够吹奏从低音B到高音F之间的所有半音。圆号是移调乐器，记谱用高音谱表，比实际音响高五度。现代最常用的是F调圆号，有许多演奏家使用双调圆号，这种圆号有一个由左手拇指控制的阀键，用以增加管子的长度，使圆号从 ♭B 调转入较低音域的F调。演奏者可将手插入喇叭口，这样既可减弱音量又可改变音色，形成阻塞音。此外还可使用梨形的弱音器，但不改变音高。

（二）木管乐器组

1. 长笛

长笛是现代管弦乐和室内乐中主要的高音旋律乐器，外形是一根开有数个音孔的圆柱形长管。早期的长笛是用乌木或者椰木制成，现代多使用金属材质，比如普通的镍银合金到专业型的银合金，还有9K金和14K金等，表演者偶尔也会使用特殊的玻璃长笛。传统木质长笛的音色特点是圆润、温暖、细腻，音量较小，而金属长笛的音色就比较明亮宽广。演奏者可根据喜好选择不同材质的长笛，但是在乐队中应该统一使用一种长笛，以达到和谐、饱满的音响效果。早期的木质长笛发音原理是因为其最上方的木塞震动而发声，因此在管弦乐队中长笛归为木管类。

演奏者应双手持笛，坐立皆可，采用胸腹混合式呼吸法，双唇构成一定的基本口型，气流集中冲击吹口盖与孔壁构成的夹角发音。其特殊技巧有：

①泛音。用放松的口型吹十二度、十五度音，产生类似弦乐器的清音效果。

②滑音。手指在键孔上逐渐滑闭，可取得上滑音和下滑音效果。

③哼唱。演奏长笛的同时进行哼唱。

④模拟打击乐。快速拍打音键，同时口中发出咂舌的"嗒"声，可取得打击乐的声音效果。

⑤ 呼啸奏法。口含全部吹口，快速大量吹气，同时按乐谱快速移动手指，造成啸声效果。

⑥模拟铜管乐器。双唇紧贴吹口，开小孔吹气，发音如同小号。

上述各种奏法均可取得特殊音效，在先锋派音乐中常被大量应用。

2．黑管

黑管，又称单簧管或克拉管，有管弦乐队中的"演说家"和木管乐器中的"戏剧女高音"之称。高音区嘹亮明朗，中音区富有表情，音色纯净，清澈优美。低音区低沉，浑厚而丰满。被广泛应用于管弦乐队、军乐队、爵士乐队和轻音乐队等。黑管属于木管乐器，有17—23键。

单簧管是移调乐器，用高音谱表记谱，记谱音域为$e-e^4$。低音区常被称作"表情音区"，其发音低沉、浓郁、有戏剧特色。高音区音色纯净、明亮、富丽而圆润。中音区的音色无明显个性，发音较柔弱，能与很多乐器的音色相融合。最高音区发音尖锐、狂野，带有呼啸声。除了极高音区不能弱奏外，单簧管的高、低音区都能演奏 ppp 至 ff 的音量变化。中音区也能演奏 ppp 至 mf 的音量变化。

单簧管也是一件很灵敏的乐器，除了在演奏断音方面不如长笛流畅外，演奏旋律、音阶、琶音、跳音都相当出色。它能轻松地演奏连音、断音结合的各种

华丽的乐句，这些方面可以与长笛相媲美。

单簧管在演奏断音时三种吐音法都能使用，而最容易也最常用的是单吐法，用单吐法奏断音时速度不能太快。在单簧管上的任何音区可轻松地演奏颤音和震音。

单簧管必须配用哨片才能震动发声，如果在使用过程中哨片破损就会使单簧管不能发声或发出尖锐的声音。哨片有多种型号：1号（新手或者幼龄者使用），2号（入门者或吸气不足者使用），3号（通用哨片）。

3. 双簧管

双簧管出现于17世纪中叶，18世纪时被广泛使用。双簧管在乐队中常演奏主旋律，既是出色的独奏乐器，也是交响乐队里的调音基准乐器。双簧管的音色带有鼻音似的芦片声，适于演奏徐缓如歌的曲调，柴可夫斯基的《天鹅湖》中的忧郁而优美的白天鹅主题就是由双簧管吹奏的。双簧管是较难演奏的乐器之一，像大多数高音管乐器一样有它的基础音域，但有能力者可以向更高的音域扩展。

特别需要注意的是，双簧管与单簧管这两种乐器虽然名称相似，但实际上它们在吹奏方法、按键系统、音色、外形以及价格等方面均有较大区别，双簧管是非移调乐器，而单簧管是移调乐器。它们是两种完全不同的木管乐器，并非学会一种就能演奏另一种。

应用谱号为高音谱号，不移调记谱。吹奏时对呼吸的要求：

①吸气。将气自然吸入肺叶下部，使横膈膜（位于胸、腹之间的一层薄膜）向下移动，使腹及两肋自然扩张。

②呼气。发音时，利用横膈膜和腹肌控制，在腹部鼓起的情况下，腹壁逐渐还原，同时借助腹肌的压力，使吸气时下降的横膈膜渐渐上移，将气流控制成如同一根非常自然、平稳有节制而又畅通的"气柱"呼出。

（三）弓弦乐器组

1. 小提琴

小提琴是一种弦乐器，共有四根弦，靠弦和弓摩擦发出声音。小提琴的

琴身（共鸣箱）长约35.5厘米，由具有弧度的面板、背板和侧板黏合而成。小提琴广泛流传于世界各国，是现代管弦乐队弦乐组中最主要的乐器，是现代交响乐队的支柱，也是具有高难度演奏技巧的独奏乐器，与钢琴、古典吉他并称为"世界三大乐器"。

2. 中提琴

中提琴是一种擦奏弦鸣乐器，是提琴家族中的中音乐器，外形及结构与小提琴基本相同，只是体形略大。五度定弦为c、g、d^1、a^1，琴身长度一般为42.5厘米。中提琴的音色比小提琴更厚实、温暖且丰满，指法和运弓与小提琴基本相同。中提琴的定弦音比小提琴低五度，比大提琴高了八度。

作为独奏乐器，它缺少小提琴的辉煌性和大提琴的浑厚有力的音响，并且不如小提琴和大提琴那样在演奏协奏曲时可以和乐队进行较量。因此作曲家为中提琴写的协奏曲并不多。

3. 大提琴

大提琴是管弦乐队中必不可少的次中音或低音弦乐器，属提琴族乐器里的下中音乐器，音色浑厚丰满，具有开朗的性格。擅长演奏抒情的旋律，表达深沉而复杂的感情，常与低音提琴共同担负和声的低音声部，有"音乐贵妇"之称，是人们非常喜爱的独奏乐器。

（四）打击乐器组

1. 小军鼓

小军鼓（又称小鼓、响弦鼓），是一种具有响弦横置在鼓面的打击乐器。常出现于军乐队、管弦乐团、管乐团中，以单线或者低音谱记谱。小军鼓在各类乐队中与大鼓的重要性相同，常与大鼓同时使用。但小军鼓不像大鼓那样用来加强强拍，而是在弱拍上敲击细小的节奏，以调和音色，增强乐曲的节奏感。小军鼓的音响穿透力强，力度变化大，还可以通过在鼓面上盖绒布，

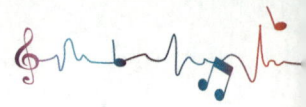

管弦乐队活动课程

或使用不同硬度的鼓槌来改变音色，能奏出各种气氛，表现力非常丰富。小军鼓属双面膜鸣乐器，无固定音高，但发音频率高于大鼓，其音色清晰、明快，并伴有沙沙的声音，别具特色。演奏者用双槌极迅速地交替敲击鼓面，发出颗粒清晰的音响，各种处理效果（如轻、重、缓、急）可以表达出不同的音乐情绪。

力度（表情记号）的练习：

①渐强渐弱的练习。通常演奏者见到表情记号时就有如被吓到一般马上做出反应并表现在音乐上。不过这种反应会影响整首乐曲，导致张力不够或者是太多。所以如何做出适量的强度增加及减弱是对乐曲的张力影响颇为重要的一环。练习时以4连音为基础，4/4拍为小节单位，以8小节、6小节、4小节、2小节、1小节等为反复单位。试着做出最小声到最大声的效果。所必须注意的是，要能做出让人屏气凝神的夸张效果。

②不同力度的练习。以4连音为基础，4/4拍为小节单位，以6小节为反复单位做不同力度的练习。先以力度单位为 ff—f—mf—mp—p—pp 练习，然后再从中弱起，做出不同的音量效果。

2. 大军鼓

大军鼓的鼓框用木或金属制成，两端扁平，鼓面用羊皮制作，整体形如大桶。鼓身的周围装有螺丝，能从一端拧紧鼓皮。用一支或两支具有沉重而

柔软的槌头敲击，发音低沉宏大，稍有延续。力度变化可以从特弱至特强。弱奏与滚奏的音效很好。强奏可用以表现炮击、雷鸣、战争、狂热等气氛；轻奏能表达神秘、庄严等音乐情绪。用单线或F谱号记谱。常用于军乐队或管弦乐队。

3. 大镲

乐器呈草帽状，直径60厘米，演奏时两片镲叶碰击发出巨响。镲的演奏技巧主要有：

①双击。两面镲同时碰击，使乐音自然延续。这种击法发音响亮。

②磨击。两面镲交叉碰击，使乐音自然延续。这种击法音色沙哑。

③闷击。击后立即将两面镲片贴在胸前（即"煞音"），使余音不能延续，发音短而闷。

④单击。用鼓槌（软、硬槌皆可）敲击一面镲，发音明亮，也可用鼓槌做滚动或闷击。大镲声音洪亮，多用于合奏和戏剧、歌舞的伴奏。在民间鼓乐演奏中常在乐曲强拍击奏，用法与大锣相近。

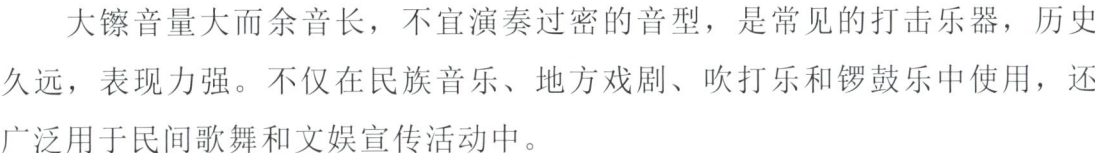

大镲音量大而余音长，不宜演奏过密的音型，是常见的打击乐器，历史久远，表现力强。不仅在民族音乐、地方戏剧、吹打乐和锣鼓乐中使用，还广泛用于民间歌舞和文娱宣传活动中。

4. 定音鼓

定音鼓由一个铜制或黄铜制的共鸣胴（似面盆状）和上面紧绷着小牛皮或是塑胶制的面皮组成。皮面先用木头圈固定，再用金属环套住，并可用几个螺丝钉调节松紧度，演奏者就是借此来调节定音鼓的音高。现代的定音鼓则是用踏板来控制音高，甚至可利用踏板制造出滑音的效果，但不论是古代手调式或现代踏板式的定音鼓都具有相同的音域和音质。定音鼓通常以两个以上为一组，演奏时使用两支头部包着毛毡的木制鼓槌。常用基本奏法有单奏及滚奏。

二、乐器试奏

铜管乐器：尝试通过嘴唇振动吹响乐器，每种乐器的号嘴大小不同，需要唇部的振动面积也不同，乐器结构越复杂所需要的气息量就越大，反之则小。

木管乐器：学习如何安装乐器，以及吹奏的口型，尝试吹响笛头，感受哨片与嘴唇的振动。

弦乐器：掌握标准的持琴握弓姿势，运用正确的运弓法拉奏空弦。

打击乐器：尝试敲打乐器。

三、五线谱

（一）了解五线谱

五线谱是由五条平行的"横线"和四条平行的"间"组成的，它们的顺序是由下往上数的。

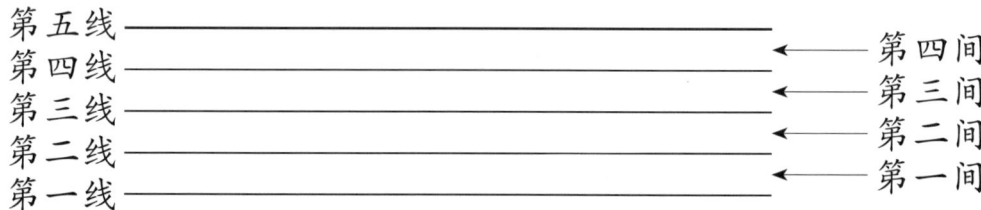

最下面第一条线叫作"第一线"，往上数第二条线叫"第二线"，再往上数是"第三线""第四线"，最上面一条线是"第五线"。

由于音符非常多，所以"线"与"线"之间的缝隙也绝对不能浪费，"线"与"线"之间的地方叫作"间"，这些"间"也是自下往上数的。同"线"一样，最下面的叫作"第一间"，往上数是"第二间""第三间""第四间"。

"线"和"间"不够用时，可在五线谱上方或下方增加"线"和"间"，各分别称为"上加第一线""上加第一间""下加第一线""下加第一间"等。

（二）了解谱号

G 谱号：小字一组的 g，记在五线谱的第二线上，又叫高音谱号。

F 谱号：小字组的 f，记在五线谱的第四线上，也叫低音谱号。另外还有记在第五线上的，叫倍低音谱号。

C 谱号：小字一组的 c，可记在五线谱的任何一线上。在这条线上标出的音唱"do"音。以此类推。

（三）了解变音记号

用来表示升高或降低基本音级的记号叫作变音记号。变音记号有五种：

升记号（♯）表示将基本音级升高半音。

降记号（♭）表示将基本音级降低半音。

重升记号（×）表示将基本音级升高两个半音（一个全音）。

重降记号（♭♭）表示将基本音级降低两个半音（一个全音）。

还原记号（♮）表示将已经升高或降低的音还原。

变音记号可以记在五线谱的线上和间内，也可以记在音符的前面和谱号的后面。记在谱号后面的变音记号叫作调号。在未改变新调之前，它对音列中所有同音名的音都生效。如果在乐曲中间要更换调号时，可能有三种情况：

第一，更换调号如果发生在一行乐谱的开始处，这时应该在前一行乐谱的末尾处将所要更换的调号预先记写清楚，并将最后一条小节线向前移，以便记写新调的调号。

第二，增加原有升号或降号的数目时，只要在更换调号处的小节线右边写出新调的调号便可以了。

第三，减少原有升号或降号的数目时，需要在更换调号处的小节线左边将多余的变音记号还原，在小节线的右边写出新调的调号。

升号变降号或降号变升号时，需要在更换调号处的小节线左边将原来的变音记号还原，在小节线的右边写出新调的调号。直接放在音符前的变音记号叫作临时记号。临时记号只限于同音高的音有效，而且只到最近的小节线为止，在多声部乐曲中临时记号往往只对一个声部有效。为了提醒废除前面所用的临时记号，有时在小节线后面加上另外的临时记号。

第二单元 《康康舞曲》(第一部分)

> **单元目标**
>
> 能用饱满的音色、熟练的指法结合指挥手势,加入音乐表情,流畅地演奏乐曲《康康舞曲》(第一部分),保持各乐器组声部音色的和谐、统一。

一、基本功练习

1. 管乐

(1) 长音,以音阶的形式进行,每个音吹足 8 拍,先上行吹 1 个八度,之后下行吹 1 个八度。

(2) 吐音,以音阶的形式进行,每个音吹 8 个八分音符加 1 个二分音符,先上行吹 1 个八度,之后下行吹 1 个八度。

(3) 音阶练习,以 C 大调为基础进行八度的音阶来回练习,一遍连音加一遍吐音,共两遍。

2. 弦乐

分别用长音与顿弓练习 F 大调音阶。

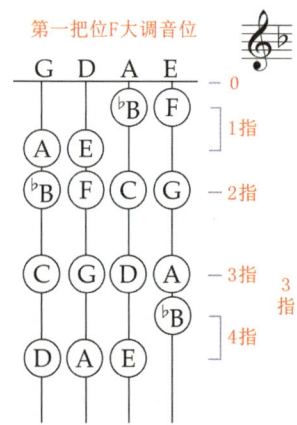

3. 打击乐器

节奏型练习。

二、《康康舞曲》（第一部分）

木管组

铜管组

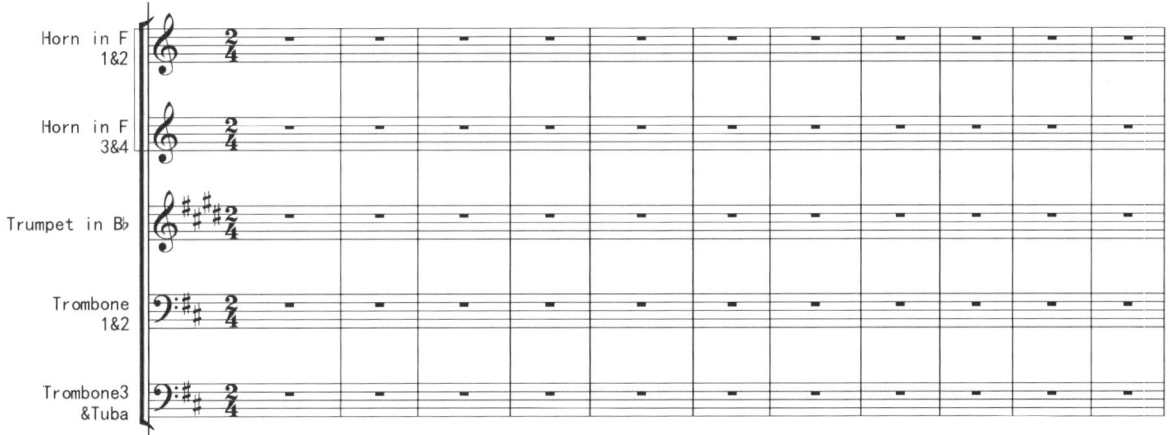

弦乐组

第三单元 《康康舞曲》（第二部分）

单元目标

能用饱满的音色、熟练的指法结合指挥手势，加入音乐表情，流畅地演奏乐曲《康康舞曲》（第二部分），保持各乐器组声部音色的和谐、统一。

一、基本功练习

1. 管乐

（1）长音，以音阶的形式进行，每个音吹足8拍，先上行吹1个八度，之后下行吹1个八度。

（2）吐音，以音阶的形式进行，每个音吹8个八分音符加1个二分音符，先上行吹1个八度，之后下行吹1个八度。

（3）音阶练习，以C大调为基础进行八度的音阶来回练习，一遍连音加一遍吐音，共两遍。

2. 弦乐

分别用长音与顿弓练习F大调音阶。

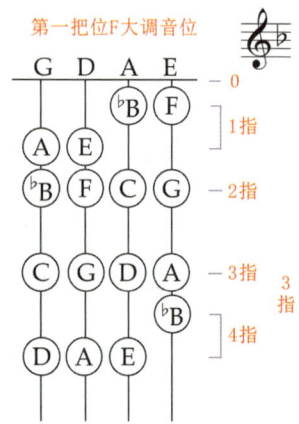

3. 打击乐器

节奏型练习。

二、《康康舞曲》(第二部分)

木管组

铜管组

弦乐组

第四单元 《康康舞曲》（第三部分）

单元目标

能用饱满的音色、熟练的指法结合指挥手势，加入音乐表情，流畅地演奏乐曲《康康舞曲》（第三部分），保持各乐器组声部音色的和谐、统一。

一、基本功练习

1. 管乐

（1）长音，以音阶的形式进行，每个音吹足 8 拍，先上行吹 1 个八度，之后下行吹 1 个八度。

（2）吐音，以音阶的形式进行，每个音吹 8 个八分音符加 1 个二分音符，先上行吹 1 个八度，之后下行吹 1 个八度。

（3）音阶练习，以 C 大调为基础进行八度的音阶来回练习，一遍连音加一遍吐音，共两遍。

2. 弦乐

分别用长音与顿弓练习 F 大调音阶。

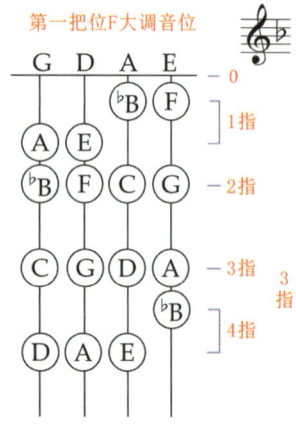

3. 打击乐器

节奏型练习。

二、《康康舞曲》（第三部分）

木管组

铜管组

弦乐组

第五单元 《康康舞曲》（第四部分）

单元目标

能用饱满的音色、熟练的指法结合指挥手势，加入音乐表情，流畅地演奏乐曲《康康舞曲》（第四部分），保持各乐器组声部音色的和谐、统一。

一、基本功练习

1. 管乐

（1）长音，以音阶的形式进行，每个音吹足8拍，先上行吹1个八度，之后下行吹1个八度。

（2）吐音，以音阶的形式进行，每个音吹8个八分音符加1个二分音符，先上行吹1个八度，之后下行吹1个八度。

（3）音阶练习，以C大调为基础进行八度的音阶来回练习，一遍连音加一遍吐音，共两遍。

2. 弦乐

分别用长音与顿弓练习F大调音阶。

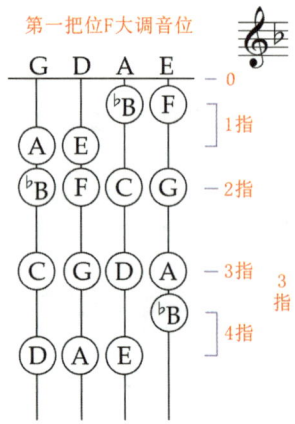

3. 打击乐器

节奏型练习。

二、《康康舞曲》(第四部分)

木管组

铜管组

弦乐组

第六单元 《康康舞曲》（第五部分）

单元目标

能用饱满的音色、熟练的指法结合指挥手势，加入音乐表情，流畅地演奏乐曲《康康舞曲》（第五部分），保持各乐器组声部音色的和谐、统一。

一、基本功练习

1. 管乐

（1）长音，以音阶的形式进行，每个音吹足8拍，先上行吹1个八度，之后下行吹1个八度。

（2）吐音，以音阶的形式进行，每个音吹8个八分音符加1个二分音符，先上行吹1个八度，之后下行吹1个八度。

（3）音阶练习，以C大调为基础进行八度的音阶来回练习，一遍连音加一遍吐音，共两遍。

2. 弦乐

分别用长音与顿弓练习F大调音阶。

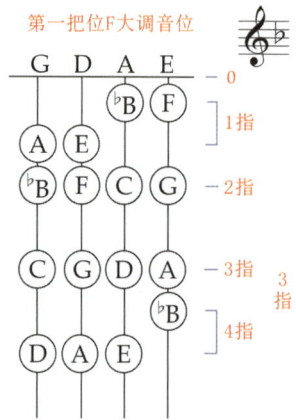

3. 打击乐器

节奏型练习。

二、《康康舞曲》（第五部分）

木管组

铜管组

弦乐组

第七单元 《康康舞曲》（第六部分）

单元目标

能用饱满的音色、熟练的指法结合指挥手势，加入音乐表情，流畅地演奏乐曲《康康舞曲》（第六部分），保持各乐器组声部音色的和谐、统一。

一、基本功练习

1. 管乐

（1）长音，以音阶的形式进行，每个音吹足8拍，先上行吹1个八度之后，之后下行吹1个八度。

（2）吐音，以音阶的形式进行，每个音吹8个八分音符加1个二分音符，先上行吹1个八度，之后下行吹1个八度。

（3）音阶练习，以C大调为基础进行八度的音阶来回练习，一遍连音加一遍吐音，共两遍。

2. 弦乐

分别用长音与顿弓练习F大调音阶。

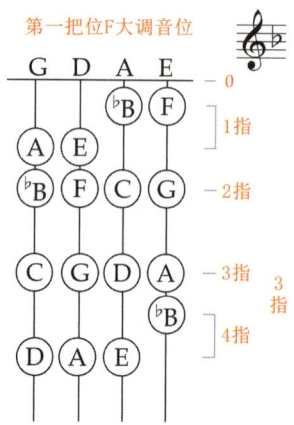

3. 打击乐器

节奏型练习。

二、《康康舞曲》(第六部分)

木管组

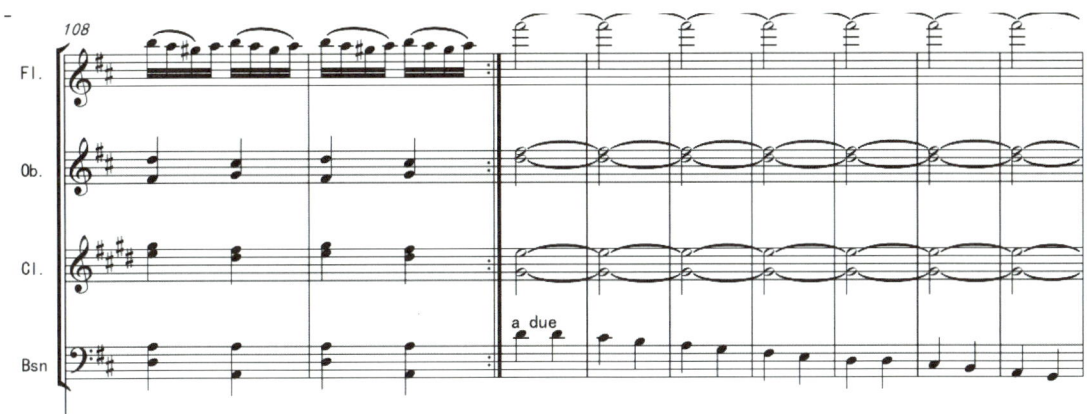

铜管组

弦乐组

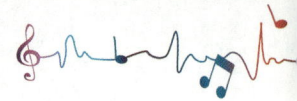

第八单元 《康康舞曲》总体合排

 **单元目标**

能用饱满的音色、熟练的指法指法结合指挥手势，加入音乐表情，完整地演奏乐曲《康康舞曲》，保持各乐器组声部音色的均衡、统一。

一、演奏标准

1. 完整地演奏乐曲。
2. 节奏旋律正确。
3. 大方自然地表现作品。

二、《康康舞曲》总体合排

康康舞曲

J.Offenbach

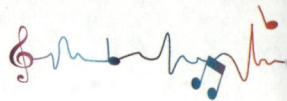

话剧活动课程

第一单元　表演初体验

单元目标

1. 了解和认识戏剧表演艺术的概念、分类、表现要素。
2. 消除紧张，松弛肌体，能放松、大胆地参与表演训练。
3. 大胆参与表演展示，并能将技能运用到今后的表演中。

课时内容

戏剧小百科

戏剧，指以语言、动作、舞蹈、音乐、木偶等形式达到叙事目的舞台表演艺术的总称。

戏剧表演是由演员将某个故事或情境，以对话、歌唱或动作等方式扮演角色，在舞台上当众表演出来的艺术。

戏剧有四个元素，包括"演员""故事（情境）""舞台（表演场地）"和"观众"。

实践与创造

一、放松训练

提线木偶游戏

要求：

1. 放松身体，以自然的状态投入表演。
2. 放松身体，跟随指令做木偶训练，感受每一块肌肉的松弛与控制。

照镜子游戏

要求：两两一组呈镜像列队，一人"照镜子"，另一人观察并做镜像模仿，直至两人动作达到同步。

二、无实物练习

把生活中经常做的事搬到舞台上，还原生活。要求看似很简单，但毕竟是离开了实物在虚构的环境中进行表演，而且要做得真实可信，所以必须集中注意力、消除紧张，并有一定的想象和信念感。

无实物表演	洗漱	擦玻璃	吃药
生活与表演的关系			

三、我型我秀

小组合作，展示排演成果。舞台属于你！

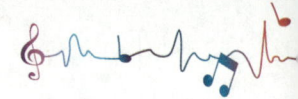

表演小技巧

技巧一：运用"假使"和"想象"，有良好的信念感，把假的当成真的，全身心地投入进去，就会获得一种真实的感觉。

技巧二：无实物表演练习有助于表演者夯实形体行动的逻辑和顺序。生活中最简单的形体动作被经常重复就会"习惯成自然"。

第二单元　表演语言基础

 单元目标

1. 能用自己的话总结出戏剧语言的基本表达技巧，掌握表演中台词的重音、停顿和情绪，提升台词的处理和表达能力。

2. 运用台词进行人物配音，充分表露人物内心、揭示人物的思想意愿、感情起伏、情绪变化。

3. 运用处理台词的方法完成配音片段的展示，感受语言塑造的魅力。

 课时内容

戏剧小百科

（一）什么是配音？

配音是指为影片或多媒体加入声音的过程，如：

1. 配音演员替角色配上声音，或以其他语言代替原片中角色的语言对白。
2. 由于声音出现错漏，由原演员重新为片段补回对白的过程。
3. 录制摄影时演员的话音或歌声由别人的声音替代。

配音是一门语言艺术，是配音演员用自己的声音和语言在银幕后、话筒前进行塑造和完善各种活生生的性格色彩鲜明的人物形象的一项创造性工作。

（二）怎样为人物角色更好地配音？

1. 熟记配音台词内容以及每句台词在视频中的位置，确保人物声音与画面高度契合。
2. 仔细观察演员的表演内容及其习惯，保证口型开合与松紧状态与人物一致。
3. 揣摩对白内容，充分调动全身进行配音表演。
4. 掌握身体节奏，做出与演员相同的动作帮助配音，如捏着嗓子说话、跑步时急促的喘息声等。

 实践与创造

一、气息发音训练

1. 呼吸练习

内容：吸气，气沉丹田，送气发"si"的音。要求：气息稳定，无限延长。

2. 单音练习

内容：嘿（闭口音）、哈（开口音）。

要求：抬头挺胸，嘴巴张开，保持气息通畅。

二、学做口部操

噘唇、咧唇；双唇打响；顶舌、绕舌；卷舌、弹舌；脸部肌肉的收缩与控制；

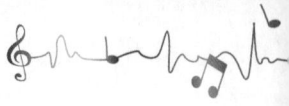

放松活动。

三、绕口令训练

尝试运用不同的重音、停顿,体验绕口令《数枣》和《十八愁》,并展示交流。

《数枣》

出东门,过大桥,大桥底下一树枣。拿着竿子去打枣,青的多,红的少。
一个枣,两个枣,三个枣,四个枣,五个枣,
六个枣,七个枣,八个枣,九个枣,十个枣。
十个枣,九个枣,八个枣,七个枣,六个枣,
五个枣,四个枣,三个枣,两个枣,一个枣。
这是一则绕口令,一气儿说完才算好。

《十八愁》

数九寒天冷风飕,年年春打六九头。
正月十五龙灯会,一对儿狮子滚绣球。
三月三王母娘娘蟠桃会,孙悟空大闹天宫把那仙桃偷。
五月端午端阳节,白蛇许仙不到头。七月初七天河配,牛郎织女泪交流。
八月十五云遮月,月里的嫦娥犯忧愁。
要说愁,尽说愁,一气儿说上十八愁。
虎也愁、狼也愁、象也愁、鹿也愁,羊也愁、牛也愁、骡子也愁、马也愁,猪愁、狗愁、鸭愁、鹅愁、蛤蟆愁、螃蟹愁、蛤蜊愁、乌龟愁,鱼愁、虾愁,各自有缘由。虎愁不敢下高山;狼愁野心不改耍滑头;象愁鼻长皮又厚;鹿愁脑袋七叉、八叉长犄角;羊愁从小长胡子;牛愁愁得犯牛轴;马愁背鞍行千里;骡子愁得一世休;狗愁改不了净吃屎;猪愁离不开臭水沟;鸭子愁得扁了嘴;鹅愁脑袋长个大背儿头;蛤蟆愁长了一身脓疱疥;螃蟹愁得尽横搂;蛤蜊愁闭关自守;乌龟愁不敢出头;鱼愁离水不能走;虾米愁空腔乱扎没准头。

练习提示：

1. 自主训练，由慢到快，吐字清晰。

2. 尽量一气呵成，保持稳定的节奏和状态。

四、情绪与气息

全神贯注，体验不同气息支撑下的"喜、怒、悲、欢、忧、恐、思"。

高兴（喜）——气浅，呼吸较快。

生气（怒）——气充满全胸，注意换气。

悲伤（悲）——气慢吸，快呼。

大笑（欢）——气深，动腹。

发愁（忧）——气慢吸，慢呼。

害怕（恐）——气快吸，屏住不动。

思考（思）——气停，渐吸。

五、我型我秀

思考并演绎以下情境：

1. 你摊上事儿了，你摊上大事儿了（幸灾乐祸）。

2. 跟人吵架，越吵越生气（脾气暴躁）。

3. 被误解，多次解释但解释不清（着急焦虑）。

两人一组，从以上题目中任选一个，以绕口令《数枣》为戏剧语言，结合题目中提示的故事情境和情绪，正确表达主题，并展示交流。

六、配音大挑战

1. 观看配音视频资料，结合自己对生活的理解，填写以下表格。

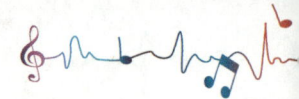

话剧活动课程

不同人物的生理特征	年轻人	中年人	老年人
共鸣位置			
声音			
语速			

2. 人物性格与声音造型的关系。

人物性格	温和	急躁
语速、语调		

3. 打开资源包，找到《疯狂动物城》视频，找出剧中适合自己声音的角色，并为该角色配音。

表演小技巧

技巧一：注意力集中，排除杂念。

技巧二：要坚定自己的信念，相信"我"就是那个角色，运用语言、肢体动作、表情抓住角色特点，摆脱自己的习惯。

第三单元　命题小品

单元目标

1. 观看优秀小品作品，分析剧情，能用自己的话说出命题小品的构成要素和创作方法。

2. 小组合作，模仿、改编不同题材的作品，创编符合生活逻辑且具有一定社会功能的小品。

3. 展示命题小品，分享在故事创编和人物塑造过程中的经验及感受。

实践与创造

一、忘我训练

放松心情，闭上眼睛感受身体变化，忘掉烦恼，找寻真正的自我。

二、小品鉴赏

1. 观看小品，说说小品主要讲了什么事。

2. 小品中有一个矛盾冲突，你能找到吗？

剧情介绍	人物关系	矛盾冲突	小品寓意

三、想象力训练

话剧活动课程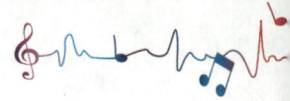

《老人与海》

在墨西哥湾深蓝色的暖流（湾流）中，一位老人独自垂钓了84天仍一无所获。人们认为他倒霉到了极点。头40天和他一起的小孩玛诺林也被父母叫走，上了另一条船，头一个礼拜就捕了三条好鱼。而老人呢，每天回来船都是空的，桅杆上打着补丁的帆就像一面失败的旗帜。

续写故事　创编小品

四、自导自演

自行选择剧本进行排练，现在是你实现导演梦、演员梦的时刻！

表演小技巧

技巧一：舞台行动三要素，做什么、为什么做、怎么做。上台后要考虑自己的行动，每一步都具有目的性。

技巧二：人物语言的处理方法，重音、停顿、语气、语调。

话剧活动课程

第四单元　话剧表演

 单元目标

1. 认识话剧的发展历程，欣赏经典话剧作品片段，感知话剧艺术的特点。

2. 能够参与课堂话剧排练活动过程，从台词语言和舞台行动两方面挖掘话剧内涵并表现人物。

3. 完整表演话剧作品片段，积累戏剧表演的经验，提高集体艺术表现中的合作协调能力。

 课时内容

话剧的发展历程

20世纪30年代的中国，民生凋敝，战乱不止，民族和阶级矛盾激化，这一时期的中国话剧转向了现实主义，一扫以往浪漫、感伤的基调，而转为悲愤、抗争，主动地承担起唤起民众、拯救国家的重任，找到了自己的发展道路。

1930年，中国左翼戏剧家联盟成立，到抗战前夕，话剧艺术已经成熟。话剧舞台艺术也有了很大的提高并且在理论上也取得了很大的成就。1937年7月，抗日战争全面爆发，中国话剧界人士以戏剧为武器，投入全民抗敌的历史洪流。在整个抗日战争时期，话剧成为中国诸多艺术种类中最活跃、最繁荣、最具现实性、战斗性和民众性的艺术。

1956年，北京举行了第一届全国话剧会演。之后，国内出现了话剧大繁荣的景象，涌现出许多优秀之作，如《茶馆》《蔡文姬》《关汉卿》等。1956年，老舍创作了话剧《茶馆》，这不但是老舍戏剧创作的高峰，也是新中国戏剧创作中具有里程碑意义的杰作。

话剧活动课程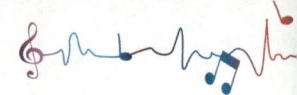

> 20世纪90年代以来，受电影、电视等艺术形式多样化的影响，以及市场经济的冲击，话剧艺术市场逐渐低迷，但是老一辈艺术家对戏剧艺术的探索没有停止，年轻的戏剧艺术家也在艰难的境况下坚持着自己的艺术追求，并取得了良好的效果。

 实践与创造

一、分析角色

观看话剧《寻找春柳社》的片段，自主阅读剧情梗概和故事分析，从人物语言和舞台行动两个方面分析角色的特点，并完善以下表格。

人物	人物性格	人物语言	人物行动
李红二			
王绵绵			
欧阳青			
曾笑儒			
赵导演			
钱导演			
孙导演			
李监督			
音效师			

二、话剧排演

自由组合成若干剧组，合理分配角色，互助排演话剧《寻找春柳社》的片段，并展示交流。

民乐合奏活动课程

第一单元　走进民乐

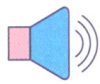 **单元目标**

1. 通过中国民族音乐资源库网络平台，了解中国民族器乐的历史发展。

2. 通过欣赏中国民族器乐曲，说出中国民族乐器的性能以及种类，并听辨民族乐器的音色。

3. 搜集具有民族器乐风格的流行歌曲，与同学一起鉴赏，讨论民族乐器在流行歌曲中的艺术表现力。

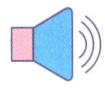 **实践与创造**

1. 了解中国民族器乐的发展历史，并向同学进行简要的描述。

2. 你能写出下列乐器的名称吗？

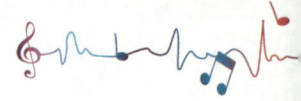

3. 民族乐器按其性能不同，可分为吹、拉、弹、打四类。为下面各种乐器找到它们自己的分类卡，快去挑战吧！

| 吹 | 拉 | 弹 | 打 |

笛　箫　二胡　唢呐　埙　筝　笙

大阮　柳琴　高胡　小堂鼓　大鼓　扬琴　小阮

4. 聆听民乐作品《花好月圆》，说出各乐器的音色特点。

5. 进入中国民族音乐资源库，了解并认识传统民族器乐演奏形式。

6. 认真聆听五首作品，根据其风格特点完成下面的连线题。

《鸭子拌嘴》　　　　　　　江南丝竹

《欢乐歌》　　　　　　　　广东音乐

《小放驴》　　　　　　　　吹打乐

《彩云追月》　　　　　　　清锣鼓乐

《金蛇狂舞》　　　　　　　民族管弦乐

7. 进行小组讨论，根据五首音乐作品的风格特点完成下面的表格。

演奏形式	主奏乐器	音乐风格	代表作品
江南丝竹			
广东音乐			
吹打乐			
清锣鼓乐			
民族管弦乐			

8. 小组合作，演奏不同形式的作品片段，并进行分享和展示。

9. 请你搜集具有民族器乐风格的流行歌曲，与同学一起鉴赏，讨论民族乐器在流行歌曲中的艺术表现力。快去试一试吧！

 第二单元　了解节拍

 **单元目标**

1. 了解中国民族乐器的演奏技巧，能够独自进行基础音阶的演奏。
2. 认识 2/4 拍的节拍特点，能够独自完成旋律片段的演唱。
3. 掌握指挥手势，能够看懂指挥的基本演出记号和表现方法。

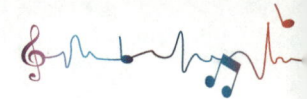

民乐合奏活动课程

 **实践与创造**

1. 进入中国民族音乐资源库，观看各乐器的演奏技法，掌握音阶的练习方法。

2. 美妙的旋律都是由音符组成的，请根据你所掌握的知识填写表格。

名称	时值	简谱记谱法	五线谱记谱法
全音符			
二分音符			
四分音符			
八分音符			
十六分音符			
附点四分音符			
附点八分音符			
以 4/4 拍为基础			

3. 五线谱与简谱的基础知识。

4. 你知道吗，每个曲作家在作曲的时候给乐曲设定了节拍。接下来让我们一起来认识节拍。

节拍：在音乐律动中，单位拍（最基本的单位）有规律的强弱变化的序列叫作节拍。

音乐节拍：强拍和弱拍的组合规律，具体是指在乐谱中每一小节的音符

总长度，常见的有 2/4 拍、3/4 拍、4/4 拍、3/8 拍、6/8 拍等，每小节的长度是固定的。一首乐曲的节拍在作曲时就已固定，不会改变。一首乐曲可以有若干种节拍。

2/4 拍：以四分音符为一拍，每小节两拍（注意：2/4 拍是小节线内的拍值为两拍，非两拍就是错误的）。

5. 请修改为正确的 2/4 拍组合。

$\frac{2}{4}$ X X | XXX X - | XXXX | X - ‖

6. 视唱是学习音乐的基础学科之一，属于识谱技能训练。平时练习看谱能力，再通过大量的视唱练习获取演唱能力，注重积累音乐素材与资料，逐步提高自身的演唱（奏）水平，就能增强感受音乐和理解音乐的能力。

活动一：请利用钢琴学习软件模拟弹奏并演唱音阶。

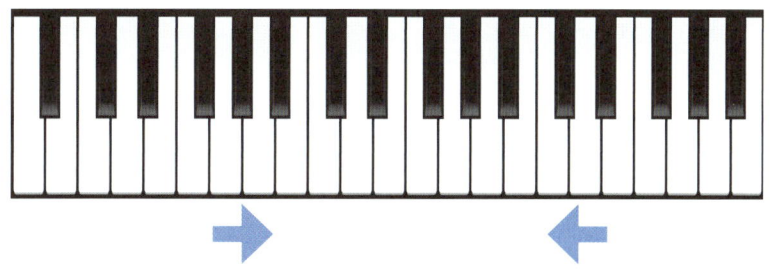

Sol La Si Dol re mi fa sol la si dol re mi

活动二：聆听并自主演唱以下旋律。

活动三：请写出 8 小节的旋律片段，以两人为一组演唱对方的作品。

7. 指挥是乐队的灵魂，在乐团中，我们要养成看指挥的习惯，并且能够看懂指挥的手势。

2/4 拍指挥图示

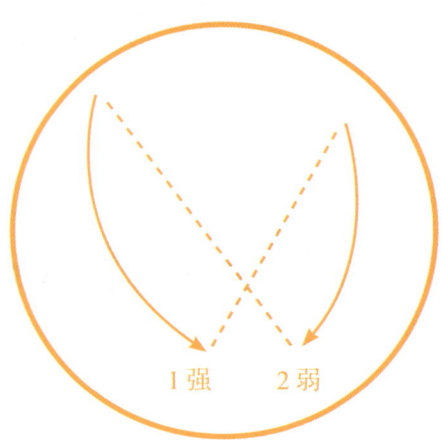

注意：在实际排练过程中，同学们还要和指挥老师达成良好的默契，不仅能够看懂指挥手势，而且还要明白起拍、强弱变化、休止等手势。

民乐合奏活动课程

第三单元 节奏与节拍

 **单元目标**

1. 认识并运用十六分音符，结合之前所学完成节奏模打及创编。
2. 结合 2/4 拍，认识 3/4 拍、4/4 拍及强弱规律、指挥手势。
3. 通过声部合作初步体验多声部演唱。

 实践与创造

1. 聆听演奏片段，猜出乐器名称。

2. 写出下列乐器的名字，并进行分类。

民乐合奏活动课程

3. 聆听教师击打的节奏，并写下来，找出新节奏 X̲ 音符。

4. 模打下列节奏，并说出十六分音符与四分音符、八分音符的关系。

$\frac{2}{4}$ X X̲X̲ | X̲X̲ X̲X̲ | X X̲X̲X̲X̲ | X 0 ‖

    X   X̲   X̲̲

5. 聆听教师击打的节奏型，并说出其特点。

  X̲X̲X̲X̲   X̲X̲X̲   X̲X̲X̲

6. 运用所学的音符，创编一条四小节 2/4 拍的节奏。

$\frac{2}{4}$ | | | ‖

7. 按照拍号，将下列节奏进行小节划分。

$\frac{2}{4}$ X X X̲X̲X̲ X̲X̲ X X̲X̲ X X̲X̲X̲X̲ X̲X̲ X X̲X̲X̲ X ‖

$\frac{3}{4}$ X X X̲X̲X̲ X̲X̲ X X̲X̲ X X̲X̲X̲X̲ X̲X̲ X X̲X̲X̲ X ‖

$\frac{4}{4}$ X X X̲X̲X̲ X̲X̲ X X̲X̲ X X̲X̲X̲X̲ X̲X̲ X X̲X̲X̲ X ‖

8. 聆听教师击打的节奏，标出它的强弱规律。

$\frac{2}{4}$ X X | X X̲X̲ | X X̲X̲X̲X̲ | X̲X̲ X ‖
  ○ ○ ○ ○ ○ ○ ○ ○

民乐合奏活动课程

$\frac{3}{4}$ X X XX | X XX XXX | X XXXX XX | X XXX | X ‖
　　 O O O　　 O O O　　 O O O　　 O O O　 O

$\frac{4}{4}$ X X XXX X | XX XXXX X XXX | XX X XX X ‖
　　 O O O O　 O O O O　　 O O O O

9. 小小指挥：根据指挥图示，示范讲解，并进行指挥练习。

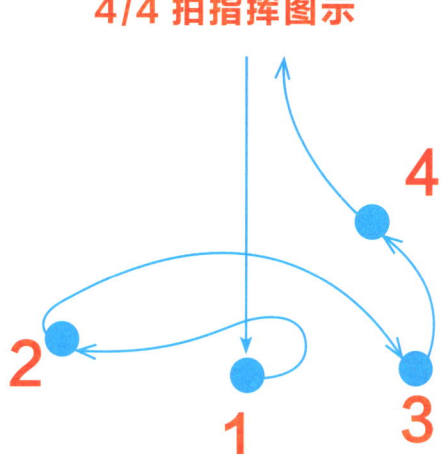

4/4 拍指挥图示

10. 小组合作，进行多声部演唱练习。

$\frac{3}{4}$ X X XX | X XX XXX | X XXXX XX | X XXX | X ‖

$\frac{3}{4}$ X XX XX | X XX XX | X XX XX | X XX XX ‖

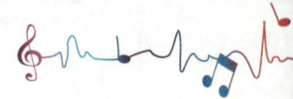

第四单元 学会看指挥

 **单元目标**

1. 通过音乐活动，掌握常用的音乐记号和指挥手势。

2. 用正确的演奏方法表现常用的音乐记号和指挥手势。能够根据常用的指挥手势（速度、指挥强弱、休止、延长音、结束）做出正确的演奏反应。

3. 通过多声部合作，初步完成多声部合作练习。

 **实践与创造**

1. 你弹奏的乐器有哪些演奏技巧，请列举出来。

2. 请模仿教师的鼓点，运用中国民族乐器中的小鼓和堂鼓打击下列节奏型，并说出附点节奏的特点。

$$X.\underline{X} \quad X.\underline{X} \quad \underline{XX}. \quad \underline{XX}.$$

3. 全班传递鼓槌，教师敲击小鼓，当鼓声停下时，鼓槌传到哪位同学的手里，哪位同学就模打下列节奏。

$\frac{2}{4}$ X X | X. X | XX X | X 0 ‖

$\frac{2}{4}$ XX X | X.X X | X X | X 0 ‖

4. 请边唱边打拍，看谁唱得最准确。

1=C 2/4

3 35 | 61 16 | 5 6 | 5 — | 3 35 | 61 16 |
5 6 | 5 — | 5 5 | 5 35 | 6 6 | 5 — |
3 23 | 5 32 | 1 2 | 1 — ‖

5. 请搜索音乐记号的相关知识，完成下面的表格。

记号	相关术语	记号	相关术语
mp		<	
p		>	
pp		f	
ppp		mf	

6. 请在乐谱中圈出你所认识的音乐记号，并说出它的含义。

1=C 2/4

3 35 | 61 16 | 5 6 | 5 — | 3 35 | 61 16 |
5 6 | 5 — | 5 5 | 5 35 | 6 6 | 5 — |
3 23 | 5 32 | 1 2 | 1 — ‖

7. 请观看教师的指挥手势，并与同学交流每个指挥手势的含义。

8. 根据乐曲中的力度记号演奏自己的声部，并与其他同学的声部合奏。

9. 观看教师的指挥手势，并跟随指挥手势进行多声部合奏。

舞蹈（初级）活动课程

第一单元　舞蹈基础理论

单元目标

1. 牢固掌握古典舞的发展史和定义。
2. 通过组内的互帮互助、体验与探究，掌握古典舞的舞姿与身法知识。
3. 增强对舞蹈的理解和热爱，插上舞蹈的翅膀展翅高飞。

 知识梳理

一、古典舞介绍

中国古典舞这一舞种的定名，是欧阳予倩先生在 1950 年首次提出的，后得到舞蹈界人士的认同并广为流传。当代中国古典舞与中国古代舞蹈有着血缘关系，但它们的含义不同。当代中国古典舞是在中华人民共和国成立后，由北京舞蹈学院唐满城、李正一等舞蹈工作者在中国戏曲舞蹈和中国武术的基础上，结合外国芭蕾舞逐步总结、归纳而创立的。

中国的古典舞有三大流派：身韵派、汉唐派、敦煌派。

二、古典舞定义

古典舞是指在民间传统舞蹈的基础上，经过历代专业工作者提炼、整理、加工、创造，并经过较长时期艺术实践的检验，流传下来的被认为是具有一定典范意义和古典风格特点的舞蹈。

三、古典舞的舞姿与身法

舞姿与身法是古典舞的精髓。舞姿是造型，身法是韵律，它们之间的变换可以说是千姿百态。舞姿的子午相立体造型，是由拧倾、屈伸、俯仰、纵横等肢体动作构成的，它呈现出拧倾中的辗转与修长，屈伸中的收与放，俯仰、纵横的交融与变化。这个变化决定着舞姿的幅度、速度、平稳度，而这"三度"又需要人体中段的高度柔韧与力量为基础，连接舞姿的身法更是以腰为轴带动全身。因此，训练腰部的应用能力是完成舞姿和身法的关键。无论是提、沉、冲、靠，或是平圆、立圆、8字圆以及拧倾、屈伸……关键都在于腰。

 **体验与探究**

1. 你可以用自己的话说出古典舞的定义吗？

2. 请同学们观看视频，分辨古典舞类型，并进行连线。

舞蹈《飞天》

舞蹈《采薇》

舞蹈《扇舞丹青》

汉唐古典舞　　　　　　敦煌古典舞　　　　　　身韵古典舞

3. 请同学们以小组为单位，创编几个古典舞动作，为展示环节做准备。

第二单元　舞蹈视频欣赏

单元目标

1. 了解古典舞的代表剧目，以小组为单位进行分享。
2. 完整观看古典舞视频，分享你喜欢的古典舞剧目。
3. 配合音乐，积极投入到古典舞的意境当中。

知识梳理

一、古代舞和古典舞的代表剧目

古代舞的代表剧目有周代的《六代舞》，唐代的《九部伎》《十部伎》《坐部伎》《乐部伎》《健舞》《软舞》等。

古典舞的代表剧目有二十世纪四五十年代初期的《宝莲灯》《小刀会》《春江花月夜》等一系列具有中国古典舞风格的舞剧和舞蹈；二十世纪七八十年代的《丝路花雨》《编钟乐舞》《扇舞丹青》《爱莲说》等；近现代的以《黄河》《江河水》《木兰归》《梁祝》等为代表的一大批优秀舞蹈作品。其中《黄河》的成功，标志着中国古典舞发展到了一个崭新的阶段。

二、古典舞视频赏析

欣赏《春江花月夜》等经典古典舞视频。

教师寄语

通过这节课的学习，了解古典舞的代表作品，以及作品的背景。利用课下时间欣赏、搜集古典舞的作品，观看相关古典舞视频以及聆听古典舞剧目的音乐，培养节奏感，提高舞蹈审美。

体验探究

1. 你能够通过欣赏舞蹈视频，归纳这些舞蹈视频的重点吗？

2. 从观赏形式，解读舞蹈的内容、语汇、技术，作品的表达等方面用自己的话说一说如何欣赏舞蹈视频。

3. 小组交流，你喜欢哪一类舞蹈，最想推荐给同学的舞蹈视频是什么？

第三单元　古典舞音乐分析

单元目标

1. 通过学习，使学生了音乐与舞蹈的关系。
2. 通过合作和探讨，进一步增强学生舞蹈节奏感和乐感。
3. 体验古典舞，初步选择舞蹈配乐。

知识梳理

一、古典舞音乐

自艺术起源以来，舞蹈与音乐的关系就密不可分，两者相辅相成，既有传情表意，反映现实的艺术共性，又各自具有独特的艺术个性。

在中国漫长的历史发展长河中，舞蹈与音乐始终紧密相连，称为"乐舞"。近年来随着舞蹈艺术，特别是中国古典舞的迅速发展，将音乐节奏创造舞蹈意境的需求提升到了新的高度,舞蹈的表现形态可根据音乐旋律的节奏变化产生鲜明的风格特征。

因此,音乐对于中国古典舞的创作起到了互为补充、不可或缺的重要作用。古典舞音乐的代表作有《渔舟唱晚》《高山流水》《高雅》《水墨丹青凤凰城》《冰菊物语》《暗香林海》《琵琶吟》《夜雨双唱》等。

体验探究

1. 请同学们观看教师展示的舞蹈片段,在音乐库中找到合适的音乐。并分享交流,说一说选择它的原因吧。

2. 聆听音乐旋律,观看教师的舞姿,说一说这些舞姿适合哪一类型的音乐。

3. 组内合作,互帮互助,讨论音乐对舞蹈的影响。

第四单元　身体各部位素质能力训练

单元目标

1. 认知身体各部位素质能力训练的基本方法。

2. 通过组内的互帮互助、体验与探究,对身体各部位素质能力进行训练。

3. 在舞蹈与音乐的意境中感受身体各部位素质能力训练的魅力。

 训练方法

1. 基本坐姿（伸坐）

（1）勾脚坐姿

（2）绷脚坐姿

> 练习提示：
> 舞蹈基本坐姿和基本站姿的训练是打造舞蹈形体的重要途径。
> 好的形体是学习舞蹈、感知舞蹈艺术的重要基础，是构造身体语言规范和表达的必要途径，舞蹈形体的训练离不开对肢体的认知和把握。

2. 基本站姿

（1）把上站姿

（2）把上压肩

（3）把下站姿

3. 肩关节柔韧性训练

肩部的软开度对舞蹈动作有着较为关键的作用，肩部软开做得好会使舞者上肢的舞蹈动作更为舒展，在生活中也会让身材更为挺拔。

（1）把上压肩

（2）地面搬肩

（3）甩肩

（4）过肩

4. 腰部柔韧性训练

提高肩关节柔韧性后，可以进行腰部训练，中国古典舞中腰部的运用极为常见，舞蹈动作的张力与韵味很多时候需要腰部较好的柔韧性。

（1）压腰

①地面压腰

②把杆压腰

③把下顶腰

（2）耗腰

（3）甩腰

(4) 担腰

(5) 涮腰

> 练习提示：
>
> 要掌握腰部训练正确的方式，训练时应注意力度和学生的承受度。
>
> 学生发力错误或者教师用力不当、过猛都会对学生的肢体带来损伤，轻则腰部受伤，重则导致瘫痪。

5. 髋部的训练

髋关节对腿部的舞蹈动作发挥着重要的作用，只有较好地解决髋关节的灵活性才能更好地运用和开发腿部动作。

(1) 压胯

　①小胯躺式

　②小胯趴式

　③大胯蛙式

　④横叉

(2) 踩胯

(3) 打胯

> 练习提示：
>
> 髋部训练要引导学生尽量放松，特别是在压、踩时，关节过于僵硬或反劲向上顶不仅不会达到训练目的，反而会导致自己受伤。
>
> 训练要循序渐进，避免学生髋关节磨损。

6. 腿部的训练

腿部能力是舞蹈动作的支撑，维持了肢体的重心与稳定。同时腿部动作的柔韧性与爆发力也是舞者表现舞蹈作品质感的重要因素。

腿部的软度主要是训练腿部韧带，包含前韧带、旁韧带和后韧带，也就是舞蹈术语中的前腿、旁腿和后腿。

(1) 压腿

　①伸坐式压腿

②把上压腿

（2）耗叉

（3）撕腿

（4）踢腿

①地面踢腿

②把上踢腿

③行进踢腿

练习提示：

腿部训练前要做好准备活动，不要过快、过猛，不能急于求成。

学生应在正规、系统的正腿、旁腿和后腿训练中逐步成长。

7. 腹肌能力训练

腹肌的训练能够加固腰部的力量与腰胯之间的稳定性。"立背""拔腰"都十分需要腹部力量的协调。腰部训练不到位，会导致腰部动作、弹跳、腿部动作幅度达不到理想的效果。

腹肌可分为两个区域，第一个区域是靠近胃部、腹部上方，叫作大腹肌；第二个区域是靠近小腹部、肚脐以下，叫作小腹肌。训练中注意对这两个区域训练到位。

（1）大腹肌力量训练

①仰卧起坐

②仰卧起坐并拢抬腿

（2）小腹肌力量训练

①五位打击

②"蹬自行车"

8. 背肌能力训练

背部训练包含双肩、双肩胛骨、腰部以上位置。

（1）背手起背屈伸

（2）旁平位背屈伸

（3）俯卧后抬腿

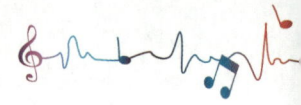

（4）左右侧肌

9. 拉伸与放松训练

为避免训练前后的运动损伤，必须对肢体的关节、肌肉、韧带进行拉伸与放松。

动作教学

软开度组合教学，配以节奏感强、较为舒缓的音乐。能力组合教学，配以节奏感强、比较激昂的音乐。控制组合教学，配以节奏稳定，较为舒缓的音乐。

谱例

平沙落雁

紧板 2/4　　　　　　　　　（反复三转）

6 5 | 3 5 | 6 5 | 6 - ‖: 1 1 | 6 5 | 32 12 | 3 - | 5 1 | 6 5 | 3 3 | 2 1 |

6 1 | 1 2 | 3 12 | 3 - | 65 61 | 5 - | 3 6 | 5 3 | 2 · 2 | 35 32 | 1 - |

1 6 | 6 1 | 1 2 | 3 - | 2 1 | 6 2 | 1 5 | 6 - |

3 32 | 3 5 | 6 1 5 | 6 - ‖ 2 1 | 6 2 | 1 5 | 0 0 | 6 - ‖

春江花月夜

1=F 2/4

慢速

66 126 | 5 5·6 | 55 612 | 3 - | 323 535 | 6·1 232 | 123 216 |

5·12 | 612 6152 | 3 - | 361 5653 | 2 - | 356 6561 | 232 1231 |

2 - | 22 3532 | 1·12 | 1·3 2235 | 2 - | 235 3532 | 1·3 2·3 |

1·3 2·3 | 123 216 | 5 - 6/5 | 55 5612 | 5·12 | 661 54 | 3·2 123 |

 体验与探究

1. 以 2—3 人为一组,在教师的指导下进行软开度训练。

(1) 一组人员先跟随教师口令进行动作训练。动作标准、节奏准确。

(2) 二组同学对一组同学的动作进行指导,能够说出对方动作的问题所在。

(3) 换组训练。

2. 请同学们跟随音乐学习拉伸动作,进行拉伸训练。

3. 以小组为单位,巩固练习组合,在具体的实践练习中体验动作,并注意避免运动损伤。

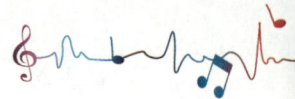

舞蹈（高级）活动课程

第一单元　基本功训练与巩固

 单元目标

1. 了解舞蹈的基本功八要素，巩固基本功的正确训练方法。
2. 配合音乐完成基本功练习，感受美，表现美。
3. 制定属于自己的练习方案。

 **实践与创造**

一．基本功八要素

①"站"为基本功第一要素。

提高方式：开脚、直膝、包臀、立腰、立背、展肩、立项、沉气、拔头顶。

②"立"是站的延伸，在保留"站"的所有要领的同时，还需稳定身体的重心。

提高方式：把杆半脚尖，单脚半脚尖站立；把下半脚尖，单脚半脚尖。

③"直"主要指腿直、后背直，腿直又包含脚背、膝盖两个大关节的"直"。

④"行"练得好，能有效提高舞姿的准确性，同时辅助提高舞蹈过程中的重心操控能力。

提高方式：步法单一练习；步法组合练习；步法、舞姿组合练习。

⑤"韧"是指身体的柔韧能力，也就是软开度，包括脚背、腿、胯、腰、肩等韧带及关节的柔韧及拓展。

⑥"快"是指动作的速度快，快而不紧，快而不懈。"快"练得好，灵巧度就高，快速变换舞姿的能力也随之提高。

⑦"轻"指动作完成要轻松，腾空要轻飘，落地要轻缓。"轻"练得好，动作则飘逸流畅、轻盈洒脱，落地无声。

⑧"稳"是指动作平稳、舞姿准确。"稳"练得好,动作行云流水、舞姿转换精确。

二、软开度训练

(一)肩关节柔韧性练习

1. 把上压肩

双手搭到把杆上,调整好位置,与肩膀同宽,双脚同样与肩同宽(也可以正步或小八字)。

2. 过肩

站立位,双腿分开与肩同宽,髋、膝、踝、第二脚趾在一条直线上,双臂伸直放于身体两侧,双手打开略宽于肩部,掌心向后抓握把杆,保持身体直立,腹部收紧,肘关节放松、不能耸肩。吸气、吐气时保持双手位置不变,并向后环动360度至臀部后侧,再吸气、吐气回到起始位。动作过程中感觉肩关节像齿轮在转动。

(二)腰部柔韧性练习

1. 压胸腰

面对把杆,保持一步距离,大八字步站好,两臂上举,伸直探出,紧贴把杆,肩胸伸展,向前挤压,两腿伸直,重心可随压胸动作往前偏移。

2. 耗腰

面向一点,大八字步站好,两臂自然垂直于体侧,两臂向上抬起,与肩同宽,由上向后带动,头部和双眼跟随手臂移动,按照头、颈、肩、胸、腰、髋依次向后,形成弧线造型。躯干与四肢充分拉开,双腿向下踩,与双臂保持抻拉动作,时间一般为4—8个八拍。

(三)腿部柔韧性练习

压腿有正压、侧压、韧带及加大髋关节的后压三种方法。主要目的是拉长腿部的肌肉和扩大腿部的活动范围。

1. 压前腿训练步骤

①八字步准备,左手叉腰,右手扶把,身体呈45度角侧高抬。左腿前吸抬,

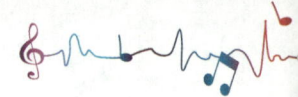

右腿作为主力腿保持重心。

②左脚尖正冲上身位置，左膝盖保持绷直，上身保持直立收腹。

③左手抱住左脚掌，头与上身往下压，反复多次做下压、抬起动作。压腿的同时，主力腿和动力腿的膝盖都要伸直。

2. 压旁腿训练步骤

①小八字步准备，目视前方，双手扶把，身体正对把杆。左腿旁吸抬，右腿作为主力腿保持重心。

②左脚尖打开，左膝盖绷直，上身保持直立，挺胸、收腹、立腰。

③右臂打开经侧旁、头顶往左腿耗压，右臂与头、体侧往下压，反复做下压、抬起动作。

（四）髋部的软度

劈叉为柔韧性训练的高级阶段，分为横叉和竖叉两种方法。

体验与探究

1. 随音乐进行基本功练习。
2. 制定一套属于自己的练习方案。

第二单元　芭蕾基础训练

单元目标

1. 学习芭蕾把上动作和中间动作。
2. 参与舞蹈实践，并配合音乐完成小组合。
3. 掌握芭蕾"开、绷、直、立"的特点。

知识梳理

一、把上练习

（一）画圈

画圈是扶把练习中一个常见的训练动作。动力腿完全绷直，脚尖在前方轻触地面，沿地面画一个半圆移到后方，或从后方移至前方的摆腿动作。划圈动作可完善外开，提升臀部的柔韧性。在训练这个动作时，动力腿既可触碰地板，也可离地画圈。动力腿由前向后画圈叫正画圈，反之叫反画圈。

> 练习提示：
> ①手轻轻地搭在把杆上，动力腿完全绷直，脚尖在前方轻触地面。
> ②在脚尖的牵引下，腿摆向一边，在地板上慢慢地滑动。
> ③继续将腿滑向身后，脚尖轻轻地擦拭地面。脚的动作自然而流畅。
> ④脚滑动到开始的位置，脚尖始终不离地面，画圈动作完成。

（二）擦地

擦地练习是芭蕾的腿部动作之一，一只脚沿地板向外伸直，以脚尖点地结束。擦地动作分为前擦地、旁擦地和后擦地。

（三）全蹲

全蹲动作过程中，下蹲和伸直腿的速度要平均，找到"对抗"的力量，身体平稳，后背直立，脚掌平铺于地面，不要向前或向后倒脚。二位半蹲下蹲的幅度为膝盖和脚尖呈直角。二位半蹲和四位半蹲的脚跟不离开地面。蹲的时候要注意呼吸的运用，把握好呼吸，动作才会更加流畅、舒展。一般来说，下蹲开始之前先吸气，在下蹲的过程中缓慢地呼气，随着腿部的逐渐伸直再吸气。

（四）小踢腿

此动作主要训练脚部向外踢出的力量与能力，通过这种擦地快速踢起的训练，提高腿部的能力与腿部的灵活性，为大幅度的踢腿动作以及大跳的脚步抛出打好基础。

> 练习提示：
> 用脚带动腿向空中踢起，要敏捷、有力而迅速地踢出与收回脚，胯部稳定，脚抛出与收回前不能忽略擦地的全过程。

（五）控制

动作过程中注意身体的直立和重心稳定，主力腿要伸直，主力胯向上提起，动力腿吸至膝盖向外伸腿的过程要保持膝盖的高度，腿在空中伸直不要晃动，路线要清晰。

二、中间练习

（一）小跳

小跳就是跳跃，跳起来的意思。"小跳"的"小"指离地不要过高。芭蕾中所有的跳跃练习，落地时都以脚尖接触地面，然后是脚掌，最后是脚跟，起跳则正好相反。

一位、二位、五位小跳，以半蹲为基础。起跳时脚部抓地后绷脚，头顶

去找天花板。在空中时双膝伸直,大腿内侧夹紧,腰部保持直立,依靠脚背的力量推地而起。双脚将身体向上推起,而非借助上身力量使劲往上跳。一位小跳和二位小跳的感觉就像打开的剪刀落下一样,笔直地向下。

(二)五位换脚跳

五位跳起时,双脚夹紧,落地时变成二位。二位跳起时,脚位不变,落地时收回五位。

> 练习提示:
> ①身体的形态保持直立,收紧但不是发僵。
> ②不能起脚后跟和倒脚。
> ③要第一时间换脚到五位小跳的位置。
> ④落地的过程是由脚尖到半脚掌再到全脚。

(三)集中

芭蕾的训练中,要在空中快速地形成五位跳跃。身体各部位要第一时间在空中集中,为五位跳跃做准备。集中时,在空中要有一个二位跳跃的过程,收回的下蹲是下一个集中的开始。

 体验与探究

请自主选择音乐,分别完成把上组合和中间组合,并向大家展示。

第三单元 舞蹈技术技巧训练

单元目标

1. 了解舞蹈技术技巧的含义。
2. 根据自身基础，自行选择技巧的学习。
3. 能够在舞蹈中合理地运用技巧。

知识梳理

一．民族舞蹈的技巧

运用舞蹈技巧是为了更加形象、更加生动地来表现舞蹈作品中的一些情绪场景，动作的技巧不仅是指跳、转、翻，或快速的连续技巧，如地面翻滚、空中转体、大幅度的腾空等，还包括一些民族舞中的特有动作，如抖肩、顶碗跪转、打碗、抛碗，以及东北秧歌中的手绢的运用，等等。这些都可以算是独具一格的技巧。

二．民族舞蹈技巧的融合

对于民族舞蹈而言，可在其原有技术的基础上加以变化，使其更加符合舞蹈需要，表现民族特色，更好地为民族舞蹈服务。民族舞蹈的编创也应借鉴其他舞蹈的技巧，来丰富和完善本民族的舞蹈。民族舞蹈里的技巧应当符合本民族的文化和风俗习惯，体现本民族人民的性格特点，并将其他技巧巧妙地融合在本民族舞蹈中。

三．民族舞蹈技巧的应用

合理地运用技巧不仅能体现舞蹈演员的专业能力，而且还会收到很好的舞台效果，得到观众的认可。近年来，越来越多的舞蹈爱好者加入进来，随

着舞蹈艺术的普及化，舞蹈技巧的训练与应用越来越受到广大舞蹈工作者的重视。

四．舞蹈创编中的技巧应用

舞蹈艺术在不断变化并向着更高、更精的方向发展，这对于舞蹈技巧的难度也将提出了新的要求，同时也提高了舞蹈作品的观赏性，给观众以强烈的视觉冲击力。因此，舞蹈的创编也迎接着挑战，技巧的加入势必更加科学化、合理化。舞蹈的创编，可以根据剧情和角色情绪的变化发展来构思合适的情节，不仅要将技巧合理地运用到舞蹈作品中去，在条件允许的情况下要将现有的技巧再变化、再发展，从而更加符合舞蹈对技巧的要求。

 舞蹈实践

一、四位转练习

①半脚尖的力量和外开：练习脚推地的力量时，应迅速将重心移至脚趾上。
②胯部控制：转的过程中要锁住胯，不能松。
③要学会留头、甩头。

> 练习提示：
> 半脚尖要立到位，立多久就能转多久。胯不能松、不能歪。上身放松，保持直立，不要挺肚子。要有留头、甩头动作，眼睛盯住一个点，干脆利索。旋转中的劲是用身体带的，由动力腿带动同一侧的肩、胯和膝盖共同旋转。

二．串翻身练习

串翻身是在上身完成"立圆"翻转的基础上，做左右脚交替步，形成移动线的翻身动势。动作分解以从左至右的翻身动作为例：

准备动作：侧身，主力脚向前，动力脚后点地，身体下侧旁腰，双臂垂直展开，目视行进方向的斜下方。

分解动作一：右脚向行进方向上步形成两脚平行，与肩同宽，同时身体下前腰，手臂平展。

分解动作二：脚下小跳步至右脚单脚重心位，左脚吸于后方，同时身体翻转至侧旁腰，手臂垂直展开。

分解动作三：左脚向行进方向落地形成两脚平行，与肩同宽，同时身体继续翻转至后腰，手臂平展，目视上方。

分解动作四：脚下小跳步至左脚单脚重心位，右脚吸于后方，同时身体继续翻转至侧旁腰，回到准备动作，完成一个串翻身。

三．侧空翻练习

练习侧空翻时关注两点，甩腿的速度和头部离地的高度。

腰部力量和控制力可以通过借助腹背肌快速下腰、起腰、控腰、甩腰等动作来提高。直立感则可以通过倒立等动作来练习。速度则靠反复做踢腿练习来提高。从双手侧手到单手再到空翻是一个过程，侧翻时要抬头挺胸，保持住腰部力量，踢腿的速度和爆发力要快和准。在侧翻时，先单脚点地，双手向上伸直，前腿踢，后腿快跟，前脚落地时，腿弯曲，身体重心迅速移动，紧接蹬地起。

四．平转练习

平转是舞蹈技巧的线性旋转技术之一，它是在"平圆"转动的基础上，通过旋转中心在两脚间的交替，形成移动线的旋转动势。平转的移动线路一般分为直线旋转、圆线旋转两种，控制旋转线路的主要因素是留头、甩头的方向与身体正反交替面的角度。此外，平转是在双脚起半脚尖时完成的动作，重心应一直保持在两脚中间，因此身体在旋转中保持直立体态也是高质量完成动作的必备条件。

准备动作：身体面朝八点方向，右脚前点步，手上为芭蕾六位手（在古典舞的平转中，手一般是与肩部持平的），头转向两点行进方向，同时双眼平视行进方向。

分解动作一：在准备动作的基础上，右脚向行进方向迈小步至小八字脚位，同时双脚起半脚尖，双脚的脚后跟并拢，脚尖稍打开，双手展开，平行

放于身体两侧。

分解动作二：以右脚为中心轴，身体向右转半圈，左脚向行进方向迈小步，双眼平视行进方向，做留头动作。

分解动作三：以左脚为中心轴，身体向右转半圈，右脚同时向行进方向迈小步，迅速做甩头动作，双眼平视行进方向。

 **体验与探究**

1. 请根据分解动作的讲解完成技巧练习。
2. 说说你是如何运用舞蹈技巧进行动作设计和动作连接的。

 # 第四单元　个人剧目

 **单元目标**

1. 欣赏艺考常见剧目，说出自己在每个剧目中的优势和不足。
2. 学会选择适合自己的剧目。
3. 自主学习剧目，将难点动作记下来，反复练习。

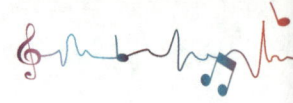

剧目鉴赏

古典舞《罗敷行》　　　　　　　古典舞《乡愁无边》

考试提示：

剧目考试一般采用独舞的形式（可选取作品中的一个片段），表演作品时间长度为2—3分钟。考生应该按剧目要求着装，并自备考试剧目的音乐伴奏。

实践与创造

一、剧目考试标准

1. 表演的完整性

能正确理解作品，表演较完整，动作优美，节奏感强，有一定的艺术感染力。

2. 表演的规范性

动作规范，舞姿准确，风格特征明显，表演到位，舞台调度流畅。

3. 表演的技术性

有一定的技巧展示，如转、翻、跳等。腰部、腿部的柔韧性，肌肉的爆发力，动作的灵活、敏捷程度，舞姿造型和技巧的稳定性均较好。

4. 表演的个性及创造力

要求表演富有激情，能发挥艺术想象力进行再创造，舞姿与音乐及作品的意境较好地融合。

二、如何选择艺考剧目

1. 突出自己的优势

无论选择哪一舞种，都要在作品的前 30 秒将自己的优势充分展现出来。

2. 规避不足

手臂不够修长的同学可以借助扇子、筷子、碗、手鼓等道具来修饰。个子小、爆发力强的同学可以选藏族、蒙古族、维吾尔族、苗族、汉族、彝族、佤族的服饰。

3. 作品结构

可以量身定制个人剧目，避免剧目类同的同时把自身的优点充分发挥出来，如何在作品的前一分钟让情绪和情感跌宕起伏，是一个非常重要的环节。

三、学习"扒"剧目

首先要清楚动作的运动路线，把动作分解之后，清晰地了解动作的运动轨迹，不要只学皮毛。在清楚动作的套路之后，仔细斟酌动作的点、线、面。如果不注重作品的抑扬顿挫，最终的呈现效果会让作品失去本身的价值，虽然技巧组合中有大量的技巧支撑观赏性，但平淡的剧目就会变成没有任何节律、技巧的组合。因此，古典舞一定要注意身韵、身法的运用。民间舞一定要注意该民族的风格属性。抑扬顿挫、风格韵律甚至比动作套路更重要。

不要因为着急去合音乐而忽略了动作的质量。音乐只是一个背景，舞蹈才是主体，不要让音乐牵着动作走，这样做不但慌张，舞蹈动作也做不好，得不偿失。把动作、情感融入音乐中才是最终的目标。

长笛活动课程

第一单元　长笛基础知识

单元目标

1. 了解长笛的构造，明白其发音原理，掌握基本的使用方法。
2. 掌握吹奏长笛的姿势、手形、口型，能够运用正确的姿势及呼吸吹奏笛头。
3. 组内进行相互评价，激发学习兴趣，提升对长笛的热爱度。

实践与创造

一、长笛的构造

长笛可分为笛头、笛身、笛尾三个部分。

笛头是乐器的第一段，上面有吹孔，其作用是发声。笛头的顶部是笛帽，用于调节长笛的音准，一般情况下不使用。

笛身是第二段，是长笛按键最为集中的部分，上端与笛头相连，下端与笛尾相连，也是长笛构造中最长的一部分。

笛尾是第三段，是连接笛身下端的末端结构，虽然按键较少，却是不可或缺的一部分。

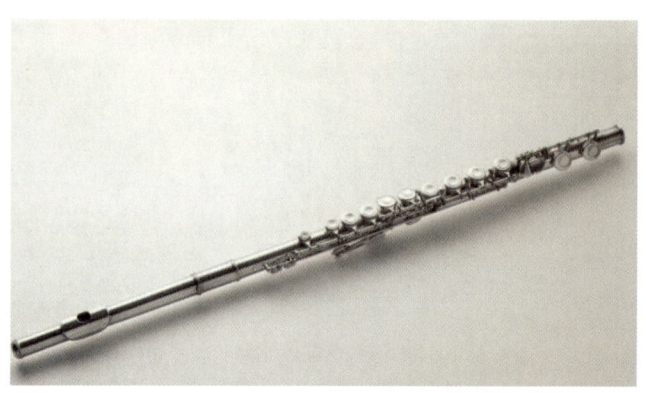

二、长笛的发音原理

长笛的发音和中国笛子一样，属于边棱音发音方式。简单来说，就是当我们对准吹孔吹气时，由于气流在管内发生碰撞而发出声音，并由共鸣管产生共鸣。

三、姿势与口型

正确的演奏姿势对于长笛演奏者来说十分重要，这会直接影响音色与演奏质量。正确的演奏姿势为：抬头挺胸，身体向前，两脚分开与肩同宽或者左脚向前迈出半步。手指、手腕、手臂、肩、颈放松，避免身体过于僵硬。双臂抬高约45度持笛，利用臂膀的抬升，将长笛放到嘴边，笛身与嘴平行。

掌握正确的演奏手形也十分重要，错误的手形不仅会造成肌肉僵硬，还会影响运指速度。正确的手形为：手指自然放松呈弯曲状态，用指肚触键。

口型即面部肌肉与唇肌的结合。吹奏长笛的口型为：将长笛持平，放在唇下，使下嘴唇压住吹孔的三分之一。嘴唇轻轻向两边拉开，呈微笑状。嘴角不要太紧，轻轻吹气即可。

四、正确地运用呼吸

好的音色与呼吸有着密切的联系，正确的呼吸方法为胸腹式呼吸法。吸

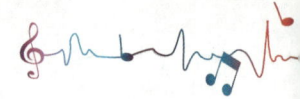

长笛活动课程

气时，嘴和鼻子同时呼吸，将气息储存到胸腔与腹腔中，利用这种方法就能从容地应对一些较长的乐句。在吸气时，找到"打哈欠"的感觉，身体放松，使气息流畅。还可用双手叉腰，身体直立，保持这个状态，轻轻地吸气、呼气，感受腰部和腹部的变化，从而更好地吹奏长笛。

五、吹奏笛头

笛头的吹奏是长笛演奏的基础，是学习的重中之重。首先，吹笛头不要过于用力，表情为微笑状即可。正确的吹奏口型为：下唇轻贴下牙，上唇自然下包。嘴角轻轻向两边拉，呈微笑状。上下唇之间呈枣核形，轻轻吹气，使气息均匀地进入笛孔中。

练习时最好对着镜子，并用耳朵去辨别音色。换气时口型不要松懈。

当你很轻松、很容易并且符合要求地吹响了笛头后，才可以装好长笛进行练习。在没有吹好笛头前，千万不要急于吹奏整支长笛。

 体验与探究

1. 通过学习，你能说一说长笛共分为哪几个部分吗？每一部分的作用是什么？

2. 用自己的话说说演奏长笛的正确姿势是怎样的。该如何吹奏笛头？试着与同学分享并展示。

3. 你能用正确的口型及呼吸吹奏下面的谱例吗？

长笛活动课程

第二单元　长笛基础练习

 单元目标

1. 学习长笛的基本指法，能够熟练掌握并运用指法。
2. 能运用自然、平稳的声音吹奏长音和连音，用清晰、轻巧的声音吹奏吐音。
3. 运用正确的指法以及呼吸方法，熟练演奏练习谱例。

 实践与创造

一、指法练习

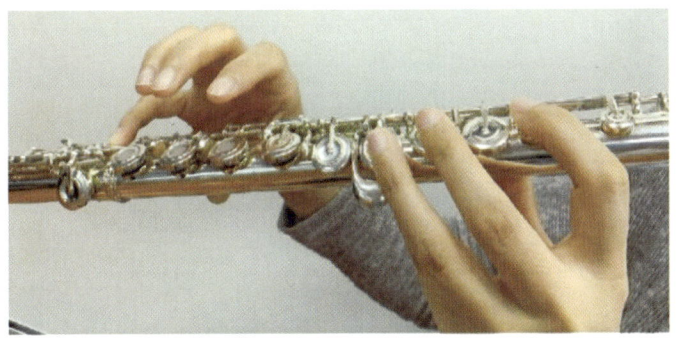

在演奏长笛时，左手食指根部内侧要紧贴笛身，成为向上托持笛身的固定支点。左手的拇指、食指、中指、无名指分别对应左手的"1、2、3、4"音；右手的食指、中指、无名指、小指对应着右手的"2、3、4、5"音（见下表）。

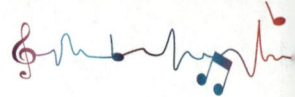

唱名	左手				右手			
	拇指	食指	中指	无名指	食指	中指	无名指	小指
sol	1	2	3	4				5
la	1	2	3					5
si	1	2						5
do		2						5
re	1		3	4	2	3	4	
mi	1	2	3	4	2	3		5
fa	1	2	3	4	2			5

二、长音练习

长音在管乐学习过程中是最常用、最难掌握的。在练习过程中要注意气息均匀，并且有意识地控制气息的大小和强弱快慢。

以低音 sol 为例，一口气吹完，吸气后再吹，这样反复数次，直至熟练掌握这个音的吹奏方法。在换气的时候，不要放下笛子，口型也不能松，微微张嘴，深吸气即可。试着演奏下面的练习吧！

练习提示：

在吹奏长音时，音色要圆润清晰，气流要流畅有力，不能忽缓忽急、忽轻忽重。身体应保持稳定，双臂放松。

三、连音练习

连音展现了音与音之间的连接自如、流畅完整，如山峦般绵延起伏。吹奏时，口风要集中，节奏平稳，指法变换熟练，音与音之间要有流动感。试着演奏下面的练习吧！

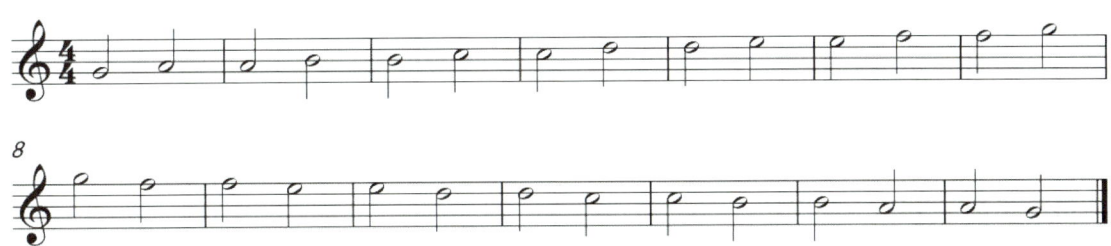

四、吐音练习

吐音是长音中的短音，通过舌尖不断地运动，把气流中的长音切成一个个的短音而形成。在练习吹奏吐音时，舌头要翘起，用舌尖轻轻地撞击自己上门牙牙龈的位置，口腔里面要发出 T（te、tu）的声音。在练习中，吐音要吹得清晰、有力。

 体验与探究

1. 你能用饱满的声音演奏 5—10 秒的长音吗？
2. 与同学一起完成长音、连音、吐音的练习，比一比谁做得更好。
3. 试一试下面的两个练习，相信你一定可以。

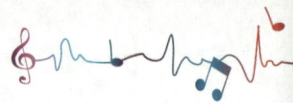

长笛活动课程

> 练习提示：
> ①注意气息的均匀、平稳，二分音符的时值要演奏够拍。
> ②换气位置要固定，尽量能按照乐句的位置进行换气。
> ③换指要均匀，尽量不要出现杂音。

4. 认真聆听教师演奏的练习曲，说一说吐音和连音是如何运用的。

第三单元　C大调练习

 单元目标

1. 复习长笛基础练习，熟练演奏长音、连音和吐音。
2. 学习C大调音阶与连音，完成练习曲练习。
3. 视唱并完整演奏《小星星》《欢乐颂》。

 实践与创造

一、音阶练习

音阶是按照特定规律,将音高顺次排列的一组音列。以 C 大调为例,音阶就是从中音 do 到高音 do 的一组顺次排列。让我们来试一试 C 大调音阶的演奏。

> 练习提示:
> 高音 do 与中音 do 指法一致,在演奏高音 do 时,气息要集中、有力,小腹要有弹性地收紧。只有通过反复练习,才能够达到熟能生巧的程度。

二、连音练习

连音展现了音与音之间的连接自如、流畅完整,如山峦般绵延起伏。以 C 大调为例,从中音 do 开始,做二度练习,上行到高音 do,然后再演奏下行。让我们来试一试 C 大调的连音练习吧!

 体验与探究

1. 你能演奏出 C 大调的音阶与连音吗?分享并展示你的风采吧!
2. 让我们来做简短的连音练习吧!

长笛活动课程

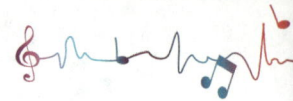

练习提示：

①连音线的首音要进行吐音的演奏。

②注意谱例中的附点二分音符的时值以及四分休止符，不要拖拍、抢拍。

③视唱并演奏乐曲《小星星》《欢乐颂》。

小星星

莫扎特　曲

欢乐颂

贝多芬　曲

长笛活动课程

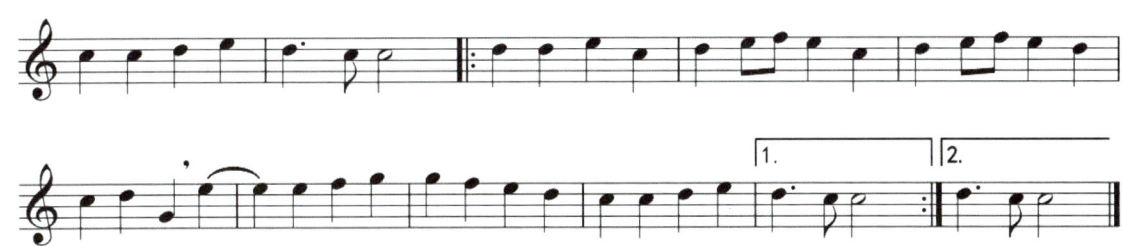

练习提示：

①在演奏乐曲《小星星》过程中要注意整体的连贯性，乐句结束处的换气要自然，运指要均匀。

②在演奏乐曲《欢乐颂》时，注意附点音符的时值、乐曲中的反复记号、呼吸记号、连音线等，要用热情、饱满的声音来演奏。

4. 小组合作，任选一首乐曲进行完整的演奏，看看哪个小组配合得最默契。

第四单元　F大调练习

单元目标

1. 复习长笛基本练习，熟练演奏C大调长音、连音以及所学乐曲。

2. 学习F大调音阶与连音，掌握 ♭B 音的指法，完成练习曲一和练习曲二。

3. 视唱并完整演奏乐曲《送别》《唐璜》。

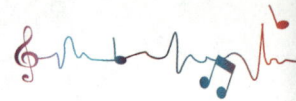

长笛活动课程

 实践与创造

一、音阶练习

F 大调音阶是从低音 fa 开始到中音 fa 的一个顺次排列。在演奏时应注意，其中的 B 音全部演奏为 ^bB 音（左手拇指按住侧边小键），其余音的指法不变。

二、连音

从低音 fa 开始向上进行二度练习，上行到中音 fa，然后再演奏下行。让我们来试一试 F 大调的连音练习吧（注意 ^bB 音的指法）。

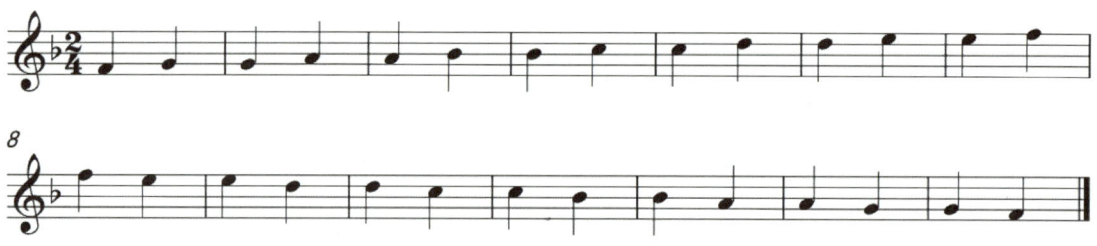

 体验与探究

1. 你能演奏出 F 大调的音阶与连音吗？向大家展示你的风采吧！
2. 让我们来做简短的连音练习吧！

练习提示：

①注意♭B音的指法为左手拇指按住侧边小键。

②注意二分音符及附点二分音符的时值，不要漏拍。

③演奏高音D时，气息集中，嘴部放松。

3. 聆听教师示范演奏《送别》，视唱并演奏乐曲。

送别

奥德伟　曲

4. 视唱并演奏《唐璜》。

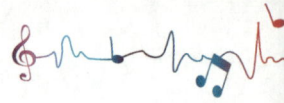

歌剧《唐璜》咏叹调

莫扎特 曲

练习提示：

（1）注意吐音的位置，要用轻巧、跳跃的感觉去演奏。

（2）乐谱第三行连音线下的二分音符总共演奏六拍半。

竹笛活动课程

第一单元 竹笛文化溯源与发展历程

单元目标

1. 研读民族器乐"竹笛"的文化溯源与发展历程，总结竹笛的发展与乐器形制的变化。

2. 通过"风格旅游"活动，体验聆听不同风格的竹笛音乐作品，感受竹笛的音乐特色，提升音乐审美能力与音乐实践能力。

3. 开展"竹笛，我想对你说"交流会，激发学生对民族音乐的喜爱，体验学习竹笛的乐趣。

知识梳理

一、竹笛文化溯源与形制演进

笛是我国古老的民族乐器之一，有着悠久的历史，可追溯到距今约9000年在河南省舞阳县出土的贾湖骨笛。骨笛早在远古时期就已产生，到了战国时期，因为取材便利、制作方便，产生了古老的管乐器——龠，其形制以及演奏方法颇具特色。后又出现了篪、律管与筊，以及汉魏六朝时期的"长笛""两头笛"。荀勖、蔡邕、梁武帝都曾经制作过十二律笛。南北朝时期出现了横笛。隋唐时期，文化经济的繁荣和发展使得横笛与尺八演变成有膜的横吹管乐器，为宋元时期的太常笛、明清时期的姑洗笛的发展奠定了基础。随着竹笛的逐渐成形，以及宋、元、明、清时期民间音乐、戏曲音乐的发展，竹笛成为很多剧种的伴奏乐器，按照不同的剧种分为梆笛和曲笛，其形制也逐渐演变成现今的六孔横笛。

竹笛的基本构造看似简单，其实不然，制作过程的每一步都决定着乐器的质量。竹笛由一段竹子做成，其调性主要取决于长短。竹笛的材质多样，可用湘妃竹、紫竹、白竹等。制作时，将成形的竹子去节呈内膛中空，依次按照音律在管身上开有 1 个吹孔、1 个膜孔、6 个音孔（低音大笛如大 G 调、大 A 调低音笛有 7 个按音孔）、2 个基音孔和 2 个助音孔。笛塞则用软木制成，装在吹孔上端管内一定的深度即可。因其调式调性的不同，竹笛的大小长短各不相同，大致可按音色和曲风特色分为热烈欢快、高亢嘹亮的北方梆笛及秀丽优美、圆润细腻的南方曲笛。

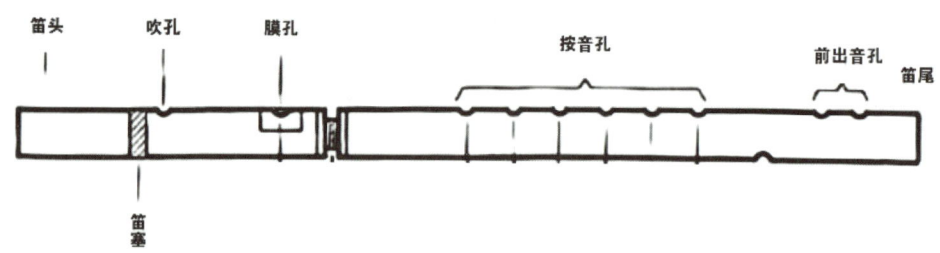

竹笛音色婉转甜美，富有特色，自古就有"丝不如竹"的美誉，它已成为家喻户晓的民族乐器，并被外国友人认知和学习。随着竹笛艺术的蓬勃发展，人们渐渐对其外观设计有了更多要求，笛身的材质多了乌木、红木等选择。装饰方面则用玉石、牛角等镶嵌在笛头、笛尾处。笛身也被雕刻上诗句，并嵌入"装饰线"，在增加色彩美的同时也保护了竹笛外壁。

二、竹笛演奏与教学的发展历程

（一）和而不同——合奏中的"笛"

随着竹笛艺术的发展，艺人的演奏水平也在提升。在近代民间流传的各种器乐合奏中，竹笛都变得不可或缺，在乐队中更是主奏或重要的旋律演奏乐器。例如富有南方风情特色的江南丝竹，富有戏曲特色的昆曲协奏，以及福建十番、广东音乐、西安鼓乐等。这些音乐的发展，使竹笛演奏风格形成个性迥然的特色和鲜明的流派，为竹笛走上独奏舞台奠定了基础。老一辈艺术家对竹笛的演奏艺术及教学不断的探索，使竹笛艺术向新高峰迈进。

（二）兼容并蓄——北笛豪迈

提起北方笛乐的发展，不得不说的是老一辈艺术大师冯子存先生。他巧妙地将戏曲"二人台"融入作品，并创作出经久不衰的《喜相逢》《五梆子》，对笛界学者来说，他是民族器乐专业化的"开山鼻祖"，是北方笛乐永恒的丰碑。演奏家孔建华教授是中原笛派的杰出代表。他取唢呐之长，将循环换气的方法移植到笛子技巧中，为竹笛乐曲创作以及技巧发展添上了浓墨重彩的一笔，他创作的《故乡的回忆》为众多笛子演奏者喜爱。在广袤的齐鲁大地上，有位集演奏、作曲、指挥于一身的演奏家曲祥先生。他创作了多首经典曲目，将山东大地的豪迈与秀美尽收曲目之中，不论是沂蒙风格的《沂河欢歌》，还是《走进快活岭》《向往》等作品，都是笛子演奏者考级和参赛的常用曲目。他和曲广义先生共同创作的《笛子练习曲选》更是笛子学习者的教材蓝本。值得我们骄傲的还有山东杰出的作曲家、演奏家郝益军教授，他为人师表、德艺双馨，培养出了众多的青年竹笛演奏家，让笛乐文化在齐鲁大地上绽放光彩。

（三）青出于蓝——南笛悠扬

老一辈南方笛乐的领军人物当属中国的笛子泰斗陆春龄、赵松庭先生。他们是笛曲界的传奇人物，是竹笛界的瑰宝。陆春龄先生不仅擅长创作和演奏，更是对学术研究情有独钟，他创作、改编了许多曲目，江南丝竹《欢乐歌》、牧童短笛《小放牛》、如歌如诉的《鹧鸪飞》等尽是经典。赵松庭先生早年创作的《早晨》以及晚年创作的《幽兰逢春》《三五七》不仅丰富了笛子曲目，更弘扬了民族传统文化。他培养了多位笛坛领军人物，有多次获得专业比赛"三连冠"的戴亚、青出于蓝而胜于蓝的俞逊发、对外传播笛乐的张维良、国家一级演员王次恒、新进南派笛艺代表人物之一的杜如松、任新加坡笛子学会会长的詹永明等。他们都为竹笛事业的发展做出了贡献。

第一学时
实践与创造

1. 自主研读竹笛的文化溯源与形制演进，填写知识卡片。

竹笛是我国古老的民族乐器之一，有着悠久的历史，可追溯到约（　　）年在（　　）出土的（　　）。竹笛主要分为（　　）和（　　），其形制也逐渐演变成现今的六孔横笛。

2. 在"竹笛，我想对你说"交流会上，说一说你对于民族器乐竹笛的认识。

第二学时

 实践与创造

1. 视唱乐曲旋律，了解作品旋律特点，绘制图谱。

2. 聆听不同风格的竹笛音乐作品片段，用自己的话说出竹笛音乐的风格特点。

姑苏行（五级）

江先渭 曲

1=C（GC调大曲笛，全按作5） 4/4

【I】宁静地

【II】行板 优雅地

——选自《中国笛子考级教程》，以课堂中的完整谱例为准

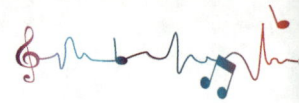

帕米尔的春天（九级）

李大同　编曲

[乐谱]

——选自《中国笛子考级教程》，以课堂中的完整谱例为准

第二单元　竹笛基本演奏方法

 **单元目标**

1. 学习竹笛基本演奏方法、演奏姿势及胸腹式呼吸方法，能协调"口""舌""指法"与身体各机能的配合。

2. 初步掌握正确的呼吸方法，练习竹笛吹奏中长音的控制能力，并能熟练地持笛，手指灵活。

3. 通过"声声不息"接力游戏，与同伴演奏"多彩的长音"。

知识梳理

一、竹笛演奏的姿势

学习演奏竹笛，首先要掌握一些基本方法，包括演奏姿势、呼吸方法、口型运用，手指配合（指法）与舌的运用等。只有配合得当，协调一致，才能获得理想的吹奏效果。

竹笛演奏姿势主要分为"站立式"和"坐立式"两种。站立式就是站着吹奏的姿势，一般在独奏、重奏、齐奏时采用。演奏者站定后，双腿直立，两脚分开呈八字形（一脚稍前、一脚稍后。笛尾向右者，左脚稍前，笛尾向左者，右脚稍前）。一般情况下，身体重心落在双腿之间，必要时才向左右移动。腰部挺直，胸部自然扩张，头正，肩平，双眼平视。双手举起竹笛，吹孔垂直向上（不要向内或向外倾斜）置于唇中间，笛管与唇平行，笛头、笛尾前后一致。

在合奏或伴奏时，一般采用坐立式。坐立式上身与站立式相同，座位高低适当，凳子太高、太低都会妨碍正常呼吸。坐姿要端正，两脚分立。持笛方向可以根据个人演奏习惯决定。从笛子改革、演奏者兼学多种笛、合奏时需统一方向的角度考虑，以向右方持笛为宜。

二、竹笛演奏的呼吸

竹笛演奏的呼吸是指吹奏中气息的正确运用。正确的呼吸方法能增强演奏者的心肺功能、促进血液循环和身体健康。呼吸的种类较多，主要包括胸式呼吸、腹式呼吸、胸腹式呼吸等。

（一）胸式呼吸

主要依靠胸廓中、上部肋间肌参与进行的呼吸方法叫胸式呼吸。这种方法吸气量虽大，但由于横膈膜处于被动，吸气量仍然受到限制。同时，由于肋骨支撑，肋间肌的伸缩会受到制约，缺乏弹性，不易控制。运用这种呼吸方法吹奏，往往会导致演奏者气不够用、身体僵硬，演奏音色也不够饱满有力。

（二）腹式呼吸

另一种呼吸方法是腹式呼吸，主要依靠胸廓下部的腹肌、腰肌和横膈膜的协作运动进行，即丹田式呼吸。这些部位的肌肉灵活，富有弹性，伸缩幅度也较大。由于胸廓中、上部肋间肌处于被动，也限制了吸气量。运用这种呼吸方法吹奏，吸气较为轻易、迅速，适合在吹奏较短乐句和进行急速换气或呼气很强的情况下使用。

（三）胸腹式呼吸

将上述两种呼吸方法结合在一起的运用方式称作胸腹式（混合式）呼吸，这种呼吸方法可以调动身体各部分积极配合，吸气量较大。吸气后，胸腔、腹部和腰部都有一种充满气息的感觉，且由于横膈膜的积极参与，吸气、呼气会更轻松。呼吸系统的协调工作，使得呼吸器官各自承担的负荷相对减少，身体疲乏度相应减轻，胸腹式呼吸是竹笛演奏中最适合且最高效的呼吸方法。

> 练习提示：
> 深吸一口气，轻嗅淡淡的花香，感受春日的芳香。

三、竹笛演奏的口型

竹笛演奏的口型是指吹奏竹笛时口的形态。口型与发音直接相关，只有

竹笛活动课程

运用正确的口型才能演奏出饱满的音色和有控制力的声音。控制口型的主要力量来自唇部的肌肉和面部的肌肉。通过自然闭合的口型控制气流，且在吹奏时注意风门、风口、口劲三个因素，便可事半功倍。

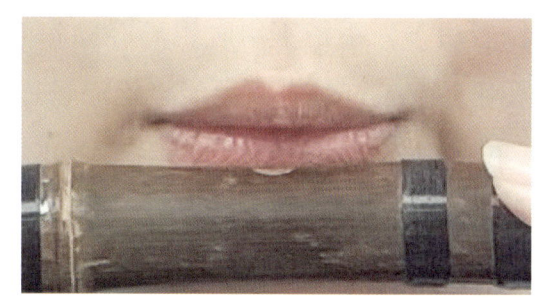

1. 吹奏笛子时，双唇间气流通过的空隙称为风门。风门在吹奏时随笛子音区的高低而发生变化。在低音区时，因气流较缓而稍放大风门；在高音区时，因气流较急而稍缩小风门。

2. 吹奏笛子时，经过风门出来的气息称为口风。音区变化与强弱变化中都要控制口风的轻、重、缓、急。吹奏高音区和较强音时，口风紧；吹奏低音区和较弱音时，口风要缓且轻。

3. 控制风门的大小变化和口风的轻、重、缓、急时，双唇肌肉、嘴角和面颊肌肉相互配合，反复收放的控制能力称为口劲。初学者要想达到理想的吹奏水平，要保持准确的音高和动听的音色，必须下苦功夫进行口风练习和风门练习，使自己的口劲收放自如。

四、竹笛演奏的指法

吹笛子需要双手持笛，开按指孔，才能发出高低不同的音高。因此要使每个手指灵活而有弹性，能持久、独立地活动和相互配合，需要进行多次的训练。

吹奏时，双臂和手指要松弛有度，手指自然弯曲，用指肚中部轻轻盖严笛孔（不同调式笛子的开孔距离和位置不同），抬开音孔时，手指不要抬得过高，大约离音孔1—2厘米。手指过高，动作就不够迅速且影响吹奏速度。手指太低，会使音准变化、音量变小、音色不够饱满。

手指盖闭音孔要严密，不可漏气，但也不要僵硬。当迅速开闭音孔和连续变化指法时，都应有弹性地按音孔。

在不演奏笛子时，可进行手指各关节的放松和按孔训练，频率由慢到快，越快越要保持松弛和弹性。一般来说，无名指不够灵活，应加强训练。拇指托着笛子，小指不用时也要轻贴笛身。手指的灵活度提高了，在后期吹奏各类作品和装饰音时，就能轻松流畅，游刃有余。

练习过程中，不要为了提速而用蛮力，应放松肢体，保持手指弹性，尽量做到"松、快、准、有力"。其中，"松"指演奏时不能用力去"捏"笛子，而应将手指自然松弛地放在笛子上。"快"指使用指法及技巧时快速敏捷。"准"指手指与气息、舌的配合要默契，手指的灵活不仅是按音的速度快，同时也是指要具有"有效性"，即气、指、舌的有效配合。"有力"是指手指的按音动作具有弹性与力度，手指按音孔时应发出"梆梆"的声响。

五、舌在竹笛演奏中的作用

舌是纵横交错的肌肉组成的综合体，在演奏时起着至关重要的作用。在吹奏长音时，舌在口中自然放平。演奏时，没有音头的音直接用气吹奏即可，有音头的音要用舌轻轻点一下。在技巧方面，舌起到了很大的作用，单吐音、双吐音、三吐音、花舌等技巧都离不开舌，所以笛子有很丰富的表现力。

舌的动作技巧是：将舌尖轻抵上齿龈部，气流通过时，口腔发"突"声，一定要轻，点到即止，舌头迅速回复原位。在演奏吐音时一定要注意颗粒感，保持舌的弹性，使声音干净、清晰。

 **实践与创造**

1. 通过学习，请说出吹奏竹笛的要素有哪些。

2. 用自己的话说出演奏竹笛的正确姿势是怎样的，并与同学分享。
3. 笛膜影响着竹笛的音色，尝试用正确的方法贴笛膜。
4. 用自己的话说说演奏竹笛的手形。
5. 深吸一口气，轻嗅花香，寻找适合吹奏的呼吸方式。
6. 尝试用微笑口型吹响竹笛。

第三单元 竹笛吹奏实践

 **单元目标**

1. 巩固竹笛基本演奏方法，运用正确的演奏姿势、呼吸方法演奏长音。

2. 学习竹笛基本指法，通过"你吹奏，我来猜"活动，巩固练习长音并变换指法，使手指更加灵活、有弹性。

3. 熟练吹奏竹笛练习曲，小组合作演奏《我和你》。

竹笛指法表（图片来自网络）

第一学时

 实践与创造

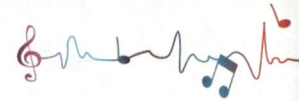

1. 小组合作，猜一猜同学演奏的是哪些音符。

你吹奏，我来猜

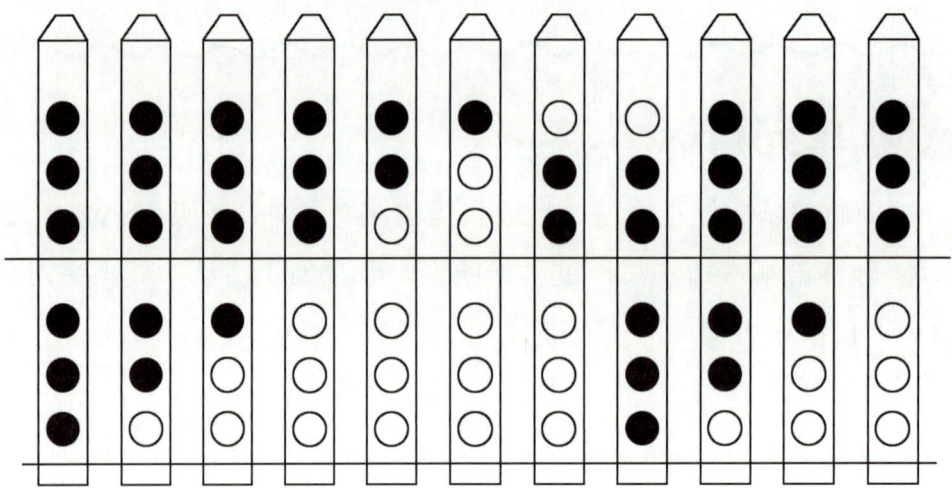

2. 运用多彩的音符创编旋律并展示。

第二学时

 实践与创造

1. 你能用饱满的声音演奏长音 5—10 秒吗？
2. 你能用正确的口型及呼吸吹奏下面的曲目吗？

我和你

(筒音作 5) 4/4

陈其钢 曲

——选自《中国竹笛教程》，以课堂中的完整谱例为准

第四单元 竹笛吐音技巧

单元目标

1. 学习竹笛吐音演奏技巧，能协调口、舌、指、与气息，说出吹奏吐音与连音的区别。

2. 运用正确的演奏方法吹奏"单吐""双吐"及"三吐"，使吐音更有弹性与颗粒感。

3. 自主练习吐音练习曲，与同伴共同演绎"灵巧的吐音"。

知识梳理

一、乐曲中常用的吐音

（一）单吐音

在吐音技巧中，以单吐运用最为广泛，特别是在北派笛曲中，它是音乐表现的主要手段之一。乐句的起始、同音的重复、乐句的划分及旋律中不带连线的分音等都需要用单吐。单吐的特点是短促有力，舌的动作轻快。一般用"T"标注。

（二）双吐音

在双吐吹奏中，要采用舌尖和舌根的交替吐奏（双向运动）来完成，即"吐库吐库"的方式。双吐善于表现欢快活泼、热情奔放、紧张激烈的音乐情绪。一般用"TK""TKTK"标注。

（三）三吐音

三吐演奏方法与双吐相似，多为在双吐后面加上一个单吐，一般常用于前八分后十六分音符，或是前十六分后八分音符的吹奏。一般用"TKT""TTK"标注。

第一学时

 实践与创造

1. 你能运用吐音演奏技巧吹奏竹笛（筒音作5）的音阶吗？
2. 用正确的呼吸方法和有控制力的气息吹奏以下作品。

（筒音作5）$\frac{3}{4}$

$$\overset{T}{1}\ \overset{T}{2}\ \overset{T}{3}\ |\ \overset{T}{2}\ -\ -\ ^V|\ \overset{T}{2}\ \overset{T}{1}\ \overset{T}{3}\ |\ \overset{T}{2\cdot}\ -\ -\ ^V|\ \overset{T}{3}\ \overset{T}{2}\ \overset{T}{1}\ |$$

$$\overset{T}{\underline{7}}\ -\ -\ ^V|\ \overset{T}{2}\ \overset{T}{1}\ \overset{T}{\underline{7}}\ |\ \overset{T}{\underline{6}}\ -\ -\ ^V|\ \overset{T}{1}\ \overset{T}{2}\ \overset{T}{3}\ |\ \overset{T}{3}\ -\ -\ ^V|$$

$$\overset{T}{3}\ \overset{T}{2}\ \overset{T}{1}\ |\ \overset{T}{2}\ -\ -\ ^V|\ \overset{T}{\underline{7}}\ \overset{T}{1}\ \overset{T}{2}\ |\ \overset{T}{2}\ -\ -\ ^V|\ \overset{T}{1}\ \overset{T}{\underline{7}}\ \overset{T}{\underline{6}}\ |\ \overset{T}{\underline{6}}\ -\ -\ ^V\|$$

——选自《中国竹笛考级曲集》，以课堂中的完整谱例为准

> **练习提示：**
> 此曲基本上用单吐音技巧完成，吐音演奏时每个音要有力度和弹性，不能有杂音。

（筒音作5）$\frac{4}{4}$

$$\overset{T}{\underline{5}}\ \overset{T}{\underline{5}}\ \overset{T}{\underline{5}}\ \overset{T}{\underline{5}}\ |\ \overset{T}{\underline{5}}\ -\ -\ -\ ^V|\ \overset{T}{6}\ \overset{T}{6}\ \overset{T}{6}\ \overset{T}{6}\ |\ \overset{T}{6}\ -\ -\ -\ ^V|\ \overset{T}{7}\ \overset{T}{7}\ \overset{T}{7}\ \overset{T}{7}\ |\ \overset{T}{7}\ -\ -\ -\ ^V|$$

$$\overset{T}{1}\ \overset{T}{1}\ \overset{T}{1}\ \overset{T}{1}\ |\ \overset{T}{1}\ -\ -\ -\ ^V|\ \overset{T}{2}\ \overset{T}{2}\ \overset{T}{2}\ \overset{T}{2}\ |\ \overset{T}{2}\ -\ -\ -\ ^V|\ \overset{T}{3}\ \overset{T}{3}\ \overset{T}{3}\ \overset{T}{3}\ |\ \overset{T}{3}\ -\ -\ -\ ^V|$$

$$\overset{T}{5}\ \overset{T}{5}\ \overset{T}{5}\ \overset{T}{5}\ |\ \overset{T}{5}\ -\ -\ -\ ^V|\ \overset{T}{6}\ \overset{T}{6}\ \overset{T}{6}\ \overset{T}{6}\ |\ \overset{T}{6}\ -\ -\ -\ \|$$

——选自《中国竹笛练习曲集》，以课堂中的完整谱例为准

> **练习提示：**
> 运用正确的按孔技巧进行吐音吹奏，每个音发音要准确、圆润，吹奏低音时，气息应较缓；吹奏中音时，气息要相对急促。

第二学时
实践与创造

1. 尝试在谱例中标注"T",并准确演奏。

$1=C \frac{4}{4}$

| 1 7̣ 6̣ 5̣ | 1 - - - | 1 7̣ 6̣ 5̣ | 3 - - - |
| 3 5̣ 2 5̣ | 4 5̣ 3 5̣ | 1 7̣ 6̣ 5̣ | 1 - - :|

> 练习提示:
> 吹奏低音"5、6、7"时要缓吹,每一个音的发音应准确、饱满。

2. 尝试用清晰、有弹性的单吐音演奏下面的旋律。

(全按作5) $\frac{4}{4}$

| 3 2 1 2 | 3 3 3 - ∨ | 2 2 2 - ∨ | 3 3 3 - ∨ | 3 2 1 2 | 3 3 3 1 ∨ |
| 2 2 3 2 | 1 - - - | 7̣ 6̣ 5 6 | 7 7 7 - ∨ | 6 6 6 - ∨ | 7 7 7 - ∨ |
| 7̣ 6̣ 5 6 | 7 7 7 5 ∨ | 6 6 7 6 | 5 - - - ‖

——选自《中国竹笛练习曲集》,以课堂中的完整谱例为准

> 练习提示:
> 吐音演奏时每个音要有力度和弹性,切忌拖泥带水。

古琴活动课程

第一单元　挑和勾

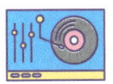 **单元目标**

1. 认识古琴的音色、形态和构造，学习基本演奏技巧，初步了解古琴的相关知识。

2. 体验、探究古琴的右手基本指法——挑、勾，欣赏和鉴赏古琴艺术。

3. 通过学习，培养学习古琴的兴趣，提高音乐审美能力，深刻感悟古琴艺术的内涵，传承古琴文化。

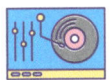 **实践与创造**

弹古琴需要右手拇指、食指、中指、无名指留一节指甲。指甲的形状为圆形偏尖。

乚：挑。右手食指（第二指）向外（身体的反方向）拨弦称为"挑"。

食指拨弦时是用指甲尖端约三分之一处触弦，触弦时指甲与弦所在的水平面约呈95度角。

练习一

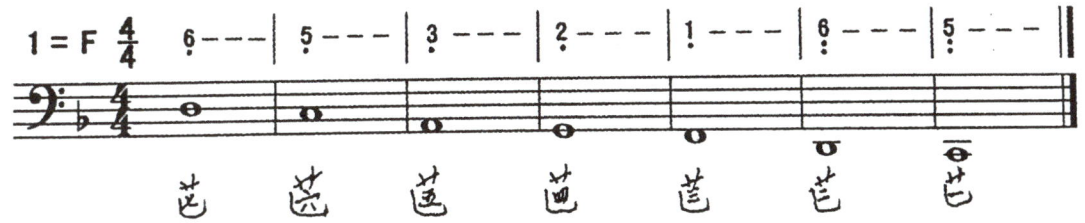

古琴活动课程

练习二

练习提示：

古琴减字谱的记谱原则是把双手的演奏过程完全写下来。但是，若某指法与前音所用的指法相同，则可以省略。

在此练习中，挑完七弦之后，食指充分向前、略向下方伸出，直到被六弦挡住为止。然后在中指保持原状的情况下，拇指将食指充分拉回，再做挑六弦的动作。挑完六弦，食指和拇指都充分伸开，呈伸直状态，如同捏在一起。食指与中指呈并拢状态。在挑完七、六两弦之后，将中指移到四弦做支撑，再挑六弦和五弦，依次进行。

勹：勾。右手中指向内拨弦叫作勾。

在做"挑"的准备时，中指自然伸直，扶在琴弦上的姿势，就是勾的准备姿态。在中指做勾的指法动作时，只要中指保持自然伸直状态，让中指前端向所在的琴弦自然落下，自然而不强调对琴弦的压力，就是勾。此时只有中指的第三关节活动，另外两个关节不动。

练习三

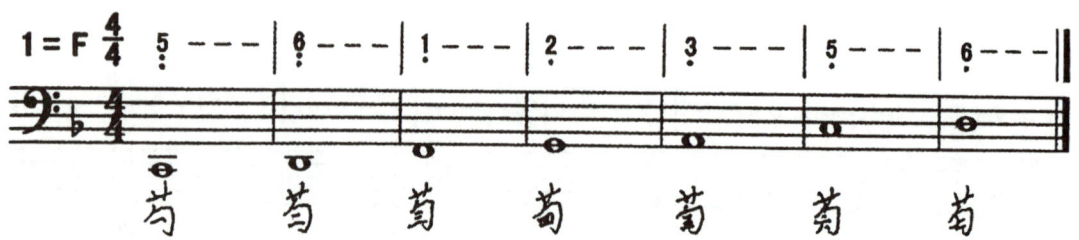

练习四

练习五

练习六

第二单元 泛音

单元目标

1. 学习泛音弹奏，并能掌握弹奏方法。
2. 通过体验、探究泛音弹奏，感受泛音的空灵、清透。
3. 熟练弹奏练习曲，培养学习古琴的兴趣，提高音乐审美能力，深刻感悟古琴艺术的内涵，传承古琴文化。

实践与创造

弦乐器上的泛音，是左手手指轻轻触在弦的特定的振动节上，比如弦长的二分之一、三分之一、四分之一等处，拨响琴弦或拉响琴弦时所产生的纯净、清亮、明朗的音。如果触弦的位置不对，偏离泛音点，则演奏不出泛音。古琴琴面外侧的十三个徽就是泛音的音位。在减字谱中，泛音减为""。

左手拇指触泛音点时，是由第一节外侧的指肉轻轻触碰琴弦。左手无名指触泛音点时，是由第一节外侧与指肚交接处触弦，并且无名指呈自然弯曲状。

，泛起。在这个指法记号之后的音都是泛音。

仝，泛止。泛音段落到此为止。

夕，名。即左手的无名指。

练习七

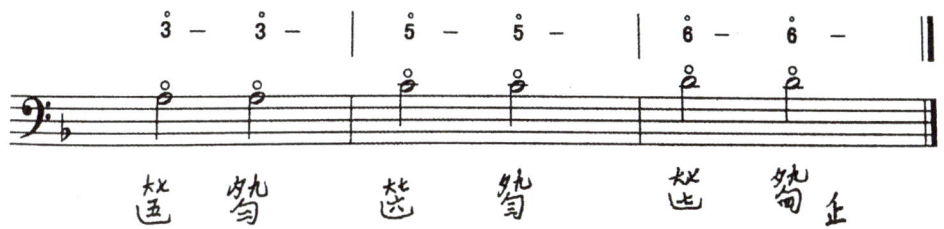

练习八

兰花花

第三单元　左手拇指按弦

 **单元目标**

1. 学习左手的基本指法，并能掌握弹奏方法。
2. 通过体验模仿、探究合作等方式学习古琴的左手基本指法，双手结合，激发学生的学习兴趣。
3. 熟练弹奏练习曲，能够了解古琴文化，培养学习古琴的兴趣，提高音乐审美能力，深刻感悟古琴艺术的内涵，培养爱国主义情感，将古琴精髓传承下去。

 **实践与创造**

左手拇指按弦是用外侧边缘的中间位置将琴弦按在琴面上，右手拨弦发音。按弦时，拇指略向掌心方向收拢并弯曲，放在食指和中指下方。这时掌心围成圆形，有如握着一个球。拇指和食指之间也略成圆形，其他手指自然伸直。

练习九

练习十

1. 大按上、下

"上"是左手拇指按弦，右手拨奏后，拇指向右移动到所要求的音位，即在"上"字之后所属的几徽几分的位置。移动时，拇指对弦的压力保持不变。如果演奏者在拇指右移做"上"时，有耸肩、身体向右倾斜，或左肘向外突出等状态，说明其肩、肘、腕太紧张，应放松重新做，并反复练习。"下"是左手拇指按弦，右手拨奏后，拇指向左移动到所要求的音位，即在"下"字之后所属的几徽几分位置。"下"的动作要领与"上"相同。"上、下"是古琴演奏中常用且构成旋律的重要指法。

练习十一

2. 大按下、上

左手拇指按弦，右手拨奏后，拇指先移向左边的低一个音的音位，再移回原来的音位。其要领及练习方法与前面的"上、下"相同。要注意的是，按音要由左向右，并随着右手的拨奏移到指定的位置，然后再做"下、上"。

第四单元　古琴曲《仙翁操》

单元目标

1. 学习《仙翁操》，了解乐曲背景。
2. 能够熟练地演奏乐曲《仙翁操》。
3. 了解古琴文化，培养学习古琴的兴趣，提高音乐审美能力，深刻感悟古琴艺术的内涵，培养爱国主义情感，将古琴精髓传承下去。

《仙翁操》为古琴的开指曲，因唱词"得道仙翁"而得名。其素材源于明朝民间，曲成于清朝康熙年间，又名《调弦入弄》。此曲早先为调音小调，是散按相合组成的定弦小曲。主要用散音、按音，挑勾不同弦以及简单的绰、注技法来练习基本指法，其重点在"和"的练习。《溪山琴况》中开篇写道："稽古至圣，心通造化，德协神人，理一身之性情，以理天下人之性情，于是制之为琴。其所首重者，和也。"可见"和"字为习琴、操琴之精髓。

仙翁操

1=F 正调定弦 (5 6 1 2 3 5 6)

——谱例选自《古琴初阶》